ENTREPRENEURSHIP SIMPLIFIED
FROM IDEA TO IPO
ASHOK SOOTA / S.R. GOPALAN

インドで成功した起業家が
アショク・ソータ | S.R. ゴパラン
実践するシンプルな法則

森勉 [訳]

インドで大ベストセラーの起業バイブル
待望の邦訳版登場！

JN196754

本書を捧ぐ

アショク・ソータは彼にキャリアの機会を与え、また最も多くのことを学ばせてくれた3人―故チャラット・ラム（Charat Ram）博士、ビシャン・サハイ（Bishan Sahai）、アジム・プレムジ（Azim Premji）―に本書を捧げる。

S.R. ゴパランは彼を愛し、支援してきた家族―妻のチャンデュラと息子のラフルとシッダールト―に本書を捧げる。

ゴパランはまた、彼に知恵を授け、また成長させてくれた上司たち―J.H. セイテュナ（J.H. Sethna）、アショク・ソータ、そしてアジム・プレムジ（Azim Premji）―にも本書を捧げる。

謝辞

以下の各方面の方々の貢献に感謝する。

まず深い洞察を与えてくれたK・ガネシュ（K. Ganesh）とアロク・ミッタル（Alok Mittal）。私たちが支援し、現実の課題への対処を試みた多くの若い起業家たち。私たちに展望を与えてくれたベンチャー投資家の方々、カナン（Canaan）のデイパック・カムラ（Deepak Kamra）、ヘリオン（Helion）のサンジーブ・アガルワル（Sanjeev Aggarwal）、IDGのスディール・セイティ（Sudhir Sethi）。インスピレーションに満ちた知見と体験談を教えてくれた顧客の皆様、アーレフ・マーティン（Aref Matin）、デイダル・パクナデュ（Deidre Paknad）、ガガン・メーニ（Gagan Maini）、ジェシリー・ウラール（Jayshree Ullal）、ミッテュ・シリダル（Mittu Sridhara）とプレム・ジャイン（Prem Jain）。

多くの紙面を起業分野に割いているエコノミック・タイムズ紙、その他のメディアにも感謝する。それらのメディアで取り上げられた話のいくつかが本書に収められている。話を引用させてくれた業界専門家、業態分野の専門家にも感謝する。ICICI証券のアヌプ・バーグチィ（Anup Bagchi）、ポール・ライターのジェシー・ポール（Jessie Paul）、タイ・チー（Tai Chi）思想に関し貢献してくれたアヴィナッシュ・スブラマニアム（Avinash Subramanyam）、そしてスレッシュ・セナパティ（Suresh Senapaty）。

ハッピエストマインド（Happiest Minds）の同僚でその意見を本書で引用させている同僚にも感謝したい――。ラジャ・シャンムガム（Raja Shanmugam）とゴパラ・セルク（Gopala Seruku）。特定の章を批評してくれたラジーブ・カイタン（Rajiv Khaitan）、サリール・ゴディカ（Salil Godika）、そしてデベス・カルダン（Davis Karedan）にも感謝する。データ

収集と事実確認をしてくれたドーン・コンサルティング（Dawn ConsuJting）のプラカッシュ・スブラマニアム（Prakash Subramaniam）とG・シリニワサン（G. Srinivasan）。同じくヴェリンカール（Welingkar）のヴィジェイ・カルティケアン（Vijay Karthickeyan）とブーミカ・シャルマ（Bhoomika Sharma）。

　私たちは、ペンギンのチームにも謝意を伝えたい。彼ら—特に出版まで私たちと一緒だったウダヤン・ミテュラ（Udayan Mitra）—と共に働くのは喜びだった。

　最後に最も重要な人であるアショクの秘書（23年間にわたって尽くしてくれた）ヴィジ（Viji）。原稿のさまざまなバージョンをまめに準備し、チェックしてくれ、彼女が病気だった短い期間も妹のギリジャ（Girija）をかり出して家族ぐるみで協力してくれた。

謝辞 | 5

はじめに

「もし、ものごとをシンプルに説明することができないのであれば、あなたはそれを十分に理解していないということだ。」

アルベルト・アインシュタイン

本書『Entrepreneurship Simplified（邦題：インドで成功した起業家が実践するシンプルな法則）』の目的は、起業家の実用的な指南書となり、事業の成功率を高めることにある。対象とする読者は主に初めて起業する人々であり、まだ起業を検討中の人々を含む。本書に収めた思考とアイデアは著者2人の体験を基にしている。私たちはアイデアの発想から株式公開(IPO)に至るまでの起業の道のりにおいて、読者が直面する問題・困難・ジレンマをシンプルな形で取り上げることができたと信じている。

ダニエル・アイゼンバーグ（元ハーバード大教授）はその著書『Worthless, Impossible and Stupid（価値がなく、不可能で馬鹿げた挑戦）』の中で、「起業は難しい。一般に難しいという印象を持たれている。また経験者もそれを難しいと考えており、客観的に見ても難しい」と書いている。確かに、起業は難しいものかもしれないが、常にそうである必要はないということを示すのが本書の狙いである。

本書は私の旧友であり同僚のファイナンシャルアドバイザーでハッピエストマインドの役員でもあるS.R.ゴパランとの共著である。ゴパランは財務コンサルティングを行うドーン・コンサルティングの創業者である。同社は新規事業に特化しており、これまでに50人以上の起業家と仕事をしている。彼が事業価値の評価を行った他の多数の企業はその数に含まれていない。本書にある私自身の考えと提言は、数十年にわたる

社内起業の経験—シャリアム冷蔵（Shriram Refrigeration）とウィプロ（Wipro）における経験—と、私が起業した企業—創業者として会長と社長を務めたマインドツリー（MindTree）と、創業者として執行会長を務めたハッピエストマインドでの経験—を基にしている。しかし本書に収められた多くの教訓は、自分の経験以上に私が起業について行った講演で起業家から受けた鋭い実際的な質問と、指導した多くの起業初心者との対話によるところが大きい。

　本書はゴパランと私の共著である。資金調達、ベンチャーキャピタル、豊かさの創造と共有に関する章は、ゴパランが主に担当している。2人で書いた失敗と成功に関する最後の章を除き、残りの章は主に私が書いた。
　本書は実用的な指南書となることが目的であるため、起業家が以下の決断を行う際に役に立つと思う。

　何をすべきか、何をすべきでないか
　なぜすべきか、なぜすべきではないか
　どのようにすべきか、どのようにすべきではないか
　いつすべきか、いつすべきではないか

　私たちはこの状況におけるあらゆる問題を吟味し、各章の末尾にいくつか実用的な教訓を示し、本書の最後に最も重要な教訓をまとめた。どのようにすれば本書を使って最大効果を引き出せるであろうか？　まず、最初から最後まで読むのが良いだろう。それから起業時の適切な段階で、深く考えながら特定の章を復習することである。例えば富の創造と共有に関する章はそのほぼすべてを従業員持ち株制度（ESOP）に充てている。それは、ESOPが起業チームに報いる最も良い方法だからだが、会社にとっては高くつく制度であり、その導入は法的に複雑な面が多々ある。それらのことを無視すると、利益になるべきものを税金で取られる

はじめに | 7

ことになりかねない。理想的には、その章は起業の何か月か前に読んで
行動を起こすべきだが、すでに起業をしているのであれば、できるだけ
早めに理解すべきだ。IPOに関する章も、株式公開に踏み切る2年前ま
でには復習すべきである。事業戦略やマーケティングなどに関する他の
いくつかの章は、起業のフェーズごとに役立つと思う。

　一方、次の3つの問題は、誰にでも関心があることではないかもしれ
ないので、本書の補足に収めた。若年時・高齢時の起業の比較、連続的
起業、前の勤め先と同分野での起業についてである。この補足は一部の
読者にとっては非常に重要である。そこには連続的に起業する方法を含
め、役に立つ体験談が収められている。連続起業家をカテゴリー分けし、
彼らの特徴を明らかにする史上初の試みである。

　起業は難しいものである必要はないが、起業は簡単という印象を与える
ことは望んでいない。起業の道は困難なことが多く犠牲も必要だが、や
りがいのある楽しい経験だと固く信じている。本書がアイデアからIPO
とIPO以降のすべての過程を通じて、読者のお役に立てるよう願ってや
まない。

バンガロールにて

2016年6月1日

アショク・ソータ

8 │ はじめに

日本語版に寄せて

　私がインドの地に初めて足を降ろしたのは、ボンベイ（現在のムンバイ）で1992年3月のことだった。その年はIBMがインド政府による国有化に抵抗して撤退してから、ちょうど20年目の節目に当たる年であった。インドへの再参入はもはやその市場が無視できなくなったためでもあるが、むしろインドの優秀な人材特にソフトウェアエンジニアをグローバルに活用していかなければ、世界の発展に貢献できなくなる危惧が大きかったためである。

　インドは、英語に精通している無尽蔵の人材の宝庫である。しかも、インドを出た熟練した才能が全世界にそのネットワークを構築している。例えば、前出のIBMのニューヨークにある中央研究所（ワトソン）の約三分の一はインド人で構成されていたし、今でもそれは変わらないと聞いている。私はインドと日本、全世界の経済の成功に貢献することができると直感した。最初の設計プロジェクトの成功により、デリーにIBMの研究センターが再建された。そして、それに続く製品開発の成功でさらに勢いが加速して、今では社員数は当初の1000倍を軽く超える10万人近くまで届いている。

　私がインドを初訪問した1992年には、この本の著者であるアショク・ソータ氏はウィプロ・インフォテックの社長兼CEOとして実力をいかんなく発揮し、その成長に大いに貢献していた。その当時ウィプロの名声は聴こえていたが、彼と知り合うのはかなり後になる。インドに親戚が嫁ぐことになり、2011年、ほぼ20年ぶりに訪問した。その時のご縁で彼と出会い、この本を記念に頂戴した。アショク・ソータの起業家精神は底知らずで、1999年にはマインドツリー社を共同で設立し、現在のハッピエストマインド社を設立する2011年まで会長職に就いていた。

日本語版に寄せて　9

インドからの帰路の飛行機の中で、私はこの原書を読破した。まず読みやすい。起業家精神の原理原則、参入機会、課題が、特に今日のデジタル世界ではグローバルに共通するであろう。アショク・ソータの鋭い戦略と果敢な経営判断およびその手腕、そしてそれらの経験が反映されていることにも気付いた。最も重要なこととして彼が強調するのは、起業家精神がもたらすものはあらゆる価値と活気のある文化を作り出すことだとしている。2018年に彼が私の活動拠点であるニューヨークを訪れた時、本書の日本語版の構想を話したところ、快諾してくれた。私としては、本書がインドと日本の架け橋となってくれればと、大いに期待している。

私は、この本から日本の起業家がスタートアップからIPOまでのすべての側面で再利用できる機知を見出せると信じている。ウィプロ会長のアジム・プレミジ氏の言葉を引用すると、"非常に読みやすい本で、しかも起業家、ビジネス戦略、マーケティング戦略、失敗と成功に関する章は、既存のビジネスリーダーに対しても大いに役に立つ"と評を得ている。全く同感で、自信を持って本書をお勧めする。

2019年3月
宮川 精

目次

本書を捧ぐ …………………………………………………………… 3

謝辞 ………………………………………………………………… 4

はじめに …………………………………………………………… 6

日本語版に寄せて ………………………………………………… 9

第1章　発想とアイデアの裏付け方法 …………………………… 15

　会堂守り ………………………………………………………… 15

　ビジネスに合った正しいアイデアの選び方 ………………… 17

　変化は機会 ……………………………………………………… 21

　最初の参入者になることの重要性とは何か？ ……………… 25

　アイデアの裏付け方 …………………………………………… 27

第2章　事業の資金調達 …………………………………………… 34

　自己資金による起業：長所と短所 …………………………… 35

　エンジェル投資家かベンチャーキャピタルか？ …………… 36

　適切な調達金額は？ …………………………………………… 38

　事業価値の最大化 ……………………………………………… 39

　次回の資金調達決定までの運転資金 ………………………… 41

　資金調達の可能性と容易さ …………………………………… 43

　公債ほか資金源の検討 ………………………………………… 46

第3章　ベンチャーキャピタルへの優位性の確保 …………… 49

　アショクの経験に学ぶ ………………………………………… 55

　ベンチャーキャピタルのマインドを理解する ……………… 57

　どの程度の株式をベンチャーキャピタルに配分するべきか … 59

目次 | 11

株主契約 ·· 64

アントレプレナーとベンチャーキャピタルの関係 ·················· 69

第4章　ミッション、ビジョン、価値観、そして文化 ············· 74

ハッピエストマインドのMVV ··· 78

働き甲斐のある職場 ·· 80

優れた企業文化を作り上げることへの挑戦 ···························· 82

第5章　組織の構築 ·· 88

創業チームの設立について知っておくべきすべてのこと ········· 88

ガバナンスとコンプライアンス部会 ······································· 95

CEOの選出 ··· 98

組織の基盤づくりを支える組織 ·· 100

組織構造 ·· 102

才能の獲得と保持 ··· 104

第6章　ビジネス戦略 ·· 112

スタートアップ戦略 ·· 112

スケールアップ戦略 ·· 116

巨大企業（ゴリラ）との競争 ··· 121

ピボット戦略 ··· 127

リスク軽減戦略 ·· 131

買収戦略 ··· 137

第7章　マーケティング戦略 ·· 144

B2BモデルとB2Cモデルに共通するマーケティング原則 ·········· 144

B2Cマーケティング ·· 150

B2B2Cモデル ··· 153

B2Bマーケティング ……………………………………………… 153

マーケティングの将来像 ………………………………………… 162

第8章　豊かさの創造と共有 ………………………………… 166

従業員ストックオプションプラン（ESOP）…………………… 167

ESOPスキームとカバレッジの割合 …………………………… 168

ESOP割り当てプランとESOPプールの補充 ………………… 169

従業員のためのESOP収益化 …………………………………… 171

ESOPスキームへの課税と関連する諸問題 …………………… 172

第9章　IPO ……………………………………………………… 178

IPOの準備 ………………………………………………………… 179

取締役会の拡大と再構築 ………………………………………… 180

公開までの準備 …………………………………………………… 183

マーチャントバンカーの選択、問題の規模と価格設定 ……… 184

上場市場の選択 …………………………………………………… 187

IPOの後 …………………………………………………………… 190

第10章　失敗と成功：スペクトラムの2つの出口 …………… 197

タイミングはすべてだ …………………………………………… 199

成功か失敗か、運は何か作用するのだろうか？ ……………… 202

失敗によくある原因 ……………………………………………… 204

成功の要因 ………………………………………………………… 206

一部の人々にとって非常に重要な追記 ………………………… 212

若年型または高齢型起業家精神 ………………………………… 212

連続的起業 ………………………………………………………… 216

DNA主導型連続的起業家 ……………………………………… 217

偶発的または結果的連続的起業家 …………………………………… 219

ユニークな専門知識を生かしたテクノロジーエキスパート ………… 219

上流または下流への分散投資家 …………………………………… 220

新ジャンル創設型連続的起業家 …………………………………… 222

出身業界での起業 …………………………………………………… 223

主な要点 ……………………………………………………………… 230

訳者あとがき ………………………………………………………… 237

用語解説 ……………………………………………………………… 240

著者紹介 ……………………………………………………………… 250

訳者紹介 ……………………………………………………………… 251

第1章　発想とアイデアの裏付け方法

「新規事業の価値はその事業が最終的にどうなるかによってのみ決まる。」

アレック・スマート

「新規事業の成功、失敗は起業者のアイデアで決まる。」

アショク・ソータ

　成功する起業の出発点は良いアイデアだ。起業に向けてどのように成功につながるアイデアを出すか、どのように適切なアイデアを選ぶか、どのようにアイデアの正しさを裏付けて起業の成功（または失敗）の土台とするかが最初の重要な課題である。組織の構成、ビジネス戦略の策定、アイデアの実行など、アイデアの裏付けをとった後に何をするかが、そのアイデアの上に築かれる大切な行動ベースになる。私たちは、起業を考えている人たちや起業初心者を指導していて、起業に踏み切る前に彼らが自分のアイデアを滅多に熟考しないこと、戦略を立案・決定するときもあまり深く考えていないことを知り、少し驚いた。

　しかしアイデアの出し方と裏付け方について私たちの考えを示す前に、少し別の問題を考察する。

会堂守り

　ご存知の方もいると思うが、会堂守りとは教会の職員である。最も巧みな英国の文筆家の1人であるウィリアム・サマーセット・モーム（William Somerset Maugham）は、その小説『会堂守り（The Verger）』の中でアルバート・エドワードという愛すべき人物を主人公にした。アルバート

は無学・文盲であった、15年間という歳月の間、ロンドンの中心部にあるセントピーターズ教会で誇り高く有能な会堂守りとなった。ある日新しい牧師が教会に着任し、アルバートに文句はないものの、「念のため、また原則の問題として」文盲を会堂守りとして雇い続けることはできないとアルバートに伝える。

アイデアの出し方・裏付け方とこの話に何の関係があるのかと思うかもしれない。以下、筋を変えずにその後の出来事を少し修正してみた。

アルバートは一見冷静に受け止めるが、通りに出ると無性に濃いお茶を飲みたくなる。喫茶店を見つけようと通りを歩くが、いろんな店がある長い通りなのに、お茶とお菓子を出す店は1つも見つからない。確認のため何度か同じ通りを行ったり来たりする。

そのうちに彼は「この通りを歩いている人でお茶を飲みたいのは自分だけじゃないはずだ」と考えた。「ここに小さな店を出したら大成功するに違いない。お茶とケーキの店をね」。突然、彼は自分の思いつきにハッとする。「これはいいアイデアだ」と考えたのだ。「全く予期していないときにこういうことが起きるとは妙なものだ」。

翌日アルバートはその通りで空き物件の店を借りた。その10年後、彼は喫茶店を10店にまで増やし、かなりの財産を築く。どの新店舗も、歩行者通行量を見定め、近所に競争相手がいないことを確認するために通りと近所を長時間歩いてから選んだ。

アルバートは欲求を満たされない客の苦痛を経験し、それがアイデアの元になったのである。彼は近所を探索することによって、そのアイデアを需要と供給の両方の視点から何度も確認した。つまり、彼は問題を機会と捉えることができたわけだ。これはとても重要な起業家の資質である。

ビジネスに合った正しいアイデアの選び方

　起業の決意とアイデアのどちらが先であるべきか？　それを論じることにしよう。

『会堂守り』の物語では明らかにアイデアがアルバートの起業の決意に先行している。

　あまりにうまいチャンスに見えるのでいても立ってもいられず、起業家になろうなどと考えたこともなかった人が起業に踏み切ることが時折ある。経験豊かな管理職が仕事を辞めてインターネットシステムインテグレーターとしてITサービス企業を立ち上げたり、ドットコム企業を創業したりした21世紀初めのドットコムブームの時代はそのような直感が動機だった。しかし、もっとよくあるのは、職場や大学が同じだった2〜5人のグループが起業家になろうと決めて、その後にビジネスの核になるアイデアを探し始めることである。私たちが会合を持つ起業チームの多くは、1つだけアイデアを持っていて、そのアイデアを核にかなりのスピード感をもって事業計画を立てている。しかし、ブレインストーミングを何度かやって最低2つから3つのアイデアを出すべきだというのが私たちの強い信念だ。少なからぬ出費を要するアイデアの裏付けの過程を経て選ばれるのは、そのうち最も好ましいたった1つだけだとしてもだ。

　K・ガネシュはインドで最も活発な連続起業家で、その活発さから「アイデア工場」とでも呼べる人物である。彼と夫人のミーナ（Meena）は4つの事業を創立し、成長させ、そして首尾良く売却した。そのうちの最後の事業はピアソンが買ったチュータービスタ社（TutorVista）である。最近ガネシュ、ミーナと彼らのパートナー、シリニワサンは「成長ストーリー」というプラットフォームを立ち上げた。彼らはそのプラットフォームを通じてアイデアを出し、裏付けを取り、新会社を率いるCEOを探す。もちろん、会社の運営には彼らも密接に関わる。「成長ストーリー」のインキュベーションプロセスには13社もの企業があり、それら

第1章　発想とアイデアの裏付け方法 | 17

の中にはオンライン食品宅配企業のビッグ・バスケット社（Big Basket）や在宅医療宅配サービスのポルティ（Portea）が含まれる。

　ガネシュにアイデアを出す方法があるかどうか尋ねたところ、彼は、以下のことをすると答えた。

●市場を調べて顧客の「大きな」痛みとなっていることを探す。
●「あれば良い」ではなく「なくてはならない」ものを選ぶ。
●アイデアは規模の拡大が可能なもの、すなわち、かなりの規模の市場を押さえられるものでなくてはらないと考える。
●5〜10年間を展望し、他社と違うことができるかどうか考える。
●誰も参入していない分野で最初の参入者になれれば、その分、事業価値が高まると考える。
●早めの参入が自分の好みだけれども、早すぎないことも大切だと思う。

　連続起業家でフェイスブック最初の外部投資家、そして『ゼロ・トゥ・ワン』の著者でもあるピーター・ティールは、エコノミック・タイムズ紙から「アイデアを探している起業家にどのように助言しますか」と質問された。彼の最初の2つの答えは誰も異論を唱えられないお決まりの発言で、「アイデアには強く感じるところがなければならない。それがうまくいくと思う十分な理由がなくてはならない」というものだったが、3つめは意外な答えで「自分以外にそれをやろうとしている者がいないこと」だった。

　普通は新しい製品やサービスのカテゴリーを最初に始めたのが自分であったとしても、良いアイデアはすぐに他人に真似されたり改良されたりするだろう。ここでもう1つ思い出されるのは、ダニエル・アイゼンバーグの著書『価値がなく、不可能で馬鹿げた挑戦』にある「起業家は、アイデアの『隠れた価値』に気づくのは少数の選ばれた者のみという前提で他の誰にも見えない物を見る」という主張である。それは一般的に

言って正しいのだが、他社の急速な追随を防ぐものは何もない。

　この2人の言い方では新しいアイデアのハードルが高くなりすぎると私たちは考えている。誰もがスティーブ・ジョブズやイーロン・マスクになることはできない。すばらしい起業のアイデアを出すのに超絶的な天才である必要はなく、特定分野で唯一の参入者である必要もない。

　では事業のアイデアをどのように選ぶべきだろうか？

　まず自分が望む規模とスケールから逆算することが大切だ。デビッド・トムソンは著書『ブループリント・トゥ・ア・ビリオン(Blueprint to a Billion)』の中で、1つのアイデアが10億ドルのビジネスになる確率は二分の一だと言っている。私たちは現在、ユニコーンの時代に生きている。ユニコーンとは企業価値が10億ドル以上の私企業で、世界に約150社あり増加中である。その半数がアメリカにあるが、実際に成長率が最も高いのは中国とインドで、両国はユニコーンの数で2位と3位となっている。

　ユニコーンになることを夢見るのは結構だが、1つルールを提案したい。それは、アイデアが野心とつり合っていなければならず、野心の裏付けとして自分の能力と得意分野の現実的な評価がなくてはならないということである。例えば、アショクは自分の得意技は組織をつくって急速に成長させることと考えている。そのため、市場規模が小さく機会が少ないビジネスを選ぶことは彼には意味がない。

　自分のアイデアを破壊的と形容するのも結構だが、破壊的はよく誤用される言葉でもある。破壊的なテクノロジーだけでビジネスが破壊的になるわけではない。新しいビジネスモデル、顧客を獲得する新しい方法、サービスを届ける新しい方法のいずれかを生まなければ、真に破壊的と呼ぶ価値はない。破壊的なビジネスはビジネスのコストを大幅に減らす可能性がある。アショクは新しいビジネスアイデアを生む方法として次のことを提案している。

　少し回すだけでまるで違う模様ができる「万華鏡」的な手法を使うこと。商品であろうとサービスであろうとビジネスモデルであろうと、少し

変えることによって新しい起業機会を開拓できる可能性がある。その点でよくあるのは、新規参入者が企業から企業、そして消費者へのB2B2Cに転換した企業間取引（B2B）モデルである。比較的知られていないのはその逆で、要するに収益モデルが企業間取引（B2B）に基づく企業から消費者へのB2Cモデル。後者の良い例がワンアシスト（OneAssist）で、ハッピエストマインドの初期の顧客の1社である。ワンアシストのサービスは明らかに個々の消費者向けだが、顧客獲得の方法はB2Bである。車両レンタルサービスのウーバー（Uber）とオーラ（Ola）も万華鏡モデルの応用とみなすことができる。車両レンタルサービスは両社が設立される前からあったが、顧客とサービス提供者をつなぐ新しいモデルを創るために新しいテクノロジーが使われた。

「万華鏡」的手法を検討するには、既存のサービスに関し以下の問いを自分に発してみるといい。

●資産の所有権構造を変えられるか？
●ビジネスに使われている資産の非稼働時間を減らせるか？
●使用料を導入できるか？
●柔軟性を高めるためにビジネスを「プラットフォーム化」できるか？
●ウーバードライバーのように、現行モデルで働く人々の一部を従業員から起業家に変えることができるか？
●固定費の一部を変動費に変えられるか？
●サービスの届け方のどの部分を自動化できるか？
●どうすれば顧客の実感を改善できるか？

これらの問いはどれも万華鏡のように新しいビジネスモデルを生む可能性がある。

失敗したドットコム企業を見てみよう。ドットコムバブルが弾けたと

きにその多くがあまりにも早く資金を断たれてしまっていた。その多く
はWeb 3.0あるいはWeb 4.0/5.0のビジネスとして再生できる可能性が
ある。倒産したShaadi.comは新しい形で再生しており、同じ業界には
Bharat Matrimony.comがある。

　世界的に成功しているアイデアを調べて「ローカル化」すること。ア
メリカ発のアイデアが多いことは確かだが、それを露骨にコピーするの
は大失敗の元。それに国境を越えるアイデアの流れは一方通行ではない。
インド人と中国人の移民が世界中に散らばっていることを考えれば、彼
らのニーズに応える多くのビジネスが他の場所でも導入され、より広い
地域で受け入れられる可能性はある。おもしろいことに、モバイルの世
界で最もエキサイティングな新しいアプリのいくつかは最初に途上国で
開発・発売されている。それは最新のテクノロジーとビジネスモデルに
一っ跳びできるからである。

変化は機会

　社会の変化であれ、世代特有の願望であれ、技術的な変化であれ、ほ
とんどの新しい機会は変化によって生まれるものと私たちは固く信じて
いる。しかも常に変化のスピードも広がり増しているので、嬉しいこと
に無限の機会がある。

　多くの変化が技術の進歩によって後押しされており、そのために新し
い顧客獲得法、新しいビジネスモデル、サービスの新しい届け方などが
生まれている。したがって、主な技術の変化をフォローして、その力を
新しいビジネスの梃子にしたり、技術の変化を商品やサービスに採り入
れたりすることが重要である。

　例えば、マインドツリーとハッピエストマインドはいずれもITサービ
ス企業だったが、技術の変化を梃子に爆発的な需要を生み出した。アショ
クと彼の共同創業者たちが1999年8月にマインドツリーを立ち上げたと

第1章　発想とアイデアの裏付け方法 | 21

き、インターネットの急速な普及でドットコムブームが起きていた。そのため、システムインテグレーターとして市場に参入することが可能になり、さらにマインドツリーをインドのITサービス企業の競争相手ではなくアメリカのシステムインテグレーターのサイエント（Scient）、ヴィアント（Viant）、ランテ（Lante）やその他同種の企業10社余りを競争相手と位置付けることが可能になったのである。しかもマインドツリーはインドから低コストでサービスを届けられるという利点もあり、米企業より安い価格設定（インド企業の価格ではなく）を実現できた。その結果、マインドツリーは6か月以内に損益分岐点に到達することができた。ドットコムバブルが弾けたときにどうなったかはまた別の話だが、肝心なのは、その頃世界で生まれたシステムインテグレーター約100社中マインドツリーがほとんど唯一生き残った企業であり、その後IPOを成功させたということである。

　ネットブームが終わった後の10年間には、ソーシャルメディア、移動通信、アナリティクス、クラウドなど（一般的にはまとめてSMACと呼ばれる）多くの新しいテクノロジーが現れた。そのテクノロジーの発展にすぐに続いたのが統合通信、ビッグデータ、モノのインターネット（IoT）、それに人工知能（AI）／コグニティブコンピューティングだった。そのような発展により企業、特に新しい企業は、商品をサービスとして届けること、オムニチャネルを持つこと、インフラコストを抑えることが可能になった。ハッピエストマインドのビジネスは常にSMAC+Xを使った問題解決策を提供することだった。

　インターネットはインドに新しいITサービス企業を約100社誕生させたが、上記のようなさまざまな技術の変化にもかかわらず、新しいテクノロジーの統合に特化してデジタルトランスフォーメーションの解決策を創り出す新しいITサービスはインドには現れなかった。

　ハッピエストマインドはそのため、そのすきまに入りデジタルトランスフォーメーション専門企業として自社を位置付けることができたので

ある。デジタルトランスフォーメーションサービスの顧客の実感を改善
したり、商品をサービスとして届けたり、デジタル環境に効率的なイン
フラを提供したりするサービスからほぼすべての収益を上げるおそらく
業界唯一の企業となった。SMAC+のテクノロジーとは別に、インター
ネットもドットコム時代のWeb 1.0から今のWeb 5.0までずっと進歩し
ている。

　ティム・バーナーズ＝リー（Tim Berners Lee）が発明したワールド・
ワイド・ウェブは、最初実用化されたときは基本的に読み取り専用だっ
た。Web 1.0は静的な表示と取引のメディアだったのである。それはドッ
トコムブームのウェブだったが、グーグル、ヤフー、レディフュージョ
ン（Rediffusion）などの企業も生み出した。またeコマースを可能にし、
アマゾンとそれに続く多数のeコマース企業を誕生させた。

　Web 2.0は参加して一緒に創るウェブだった。これにより、コンテン
ツを共同作業で創り、世界中の視聴者に向けて表示できるようになった。
Web 2.0の時期に現れた企業にはツイッター、ユーチューブ、フェイス
ブック、それにウィキペディアがある。Web 2.0の恩恵により世界中で
多数のメディア統合企業が成功した。

　セマンティックWebと俗に呼ばれるWeb 3.0はユーザー・アプリ間の
コミュニケーションを可能にし、ユーザー間の共有やコラボとそれらによ
る多数のインターネットサービスの誕生をもたらした。ノバ・スピヴァッ
ク（Nova Spivack）によれば「Web 3.0はインターネットを1つの大きな
データベースに換える規格を集めたもの」である。Web 3.0の応用例を
少し挙げれば、Web 3.0はデザインと3Dポータルの作成に密接に関係し
ており、また検索機能を改善した。

　Web 4.0はWeb 3.0をさらに進化させたもので、ウェブを携帯環境に
接続し、現実・バーチャルの世界においてあらゆるデバイスをリアルタ
イムでウェブに接続することを可能にした。3Dホログラフや、障がい者

が思考でコンピュータを操作できる医療プログラムなど、携帯ウェブが可能にした何千、何万もの新しいビジネスを目で見ることができる。

最後のWeb 5.0はまだ進化中だ。開放的で、個人とつながりを持ち、感情に反応するウェブである。現在、潜在的な起業家はWeb 5.0を基に新しいビジネスを立ち上げようとビッグデータ、モノのインターネット、人工知能／コグニティブコンピューティングなどのテクノロジーを感情分析と組み合わせている。eコマース向けのプログラムを含め、そのようなプログラムでは、意思決定のために感覚と情感がキャプチャされる。

1つ重要なことを明確にしておきたい。それはウェブが新しいバージョンに変わっても古いバージョンが廃れるわけではないということである。ビジネスアイデア次第で、自分のニーズと、ビジネス提案の方法に適したバージョンを好きなように使うべきだ。競争が極めて激しい分野に新規参入する企業にとって、より新しいテクノロジーを梃子にすることは非常に重要である。アーンスト＆ヤング（Ernst & Young）のアントレプレナー・オブ・ザ・イヤーに選ばれたことがあるジェシリー・ウラールが率いるアリスタネットワークス（Arista Networks）は、シスコやジュニパーなどと競争するためにそれを行って成功した。アリスタ社は、極めて低いレイテンシーのハイパースケールコンピュータ環境のニーズを満たすため、Web 5.0の機能を持つSDCクラウドネットワーキングのプラットフォームを提供している。

もう1つ喜ばしいことは、会社を立ち上げて世界に持っていくことが今ほど容易だったことはこれまでなかったということである。今日の多くの企業はサイバースペースで営業するバーチャル企業にどんどん変わりつつあり、物理的なインフラは最小限のものしか必要ない。

変化は至るところで生じており、バイオテクノロジー、代替エネルギー、小売、メディア、医療など、ほとんどどの業界でも無数の機会を生んでいる。SMAC+というテクノロジーがなければ自動運転さえ不可能だっただろう。医療業界に焦点を当ててみると健康モニター機器、在宅医療

サービス、セカンドオピニオンなどの分野をカバーする差別化した参入者がすでに複数存在している。現在、私たちは個人的に他の2つの医療ポータルとステルスモードでつながっている。eコマースの波に今、超ローカルの波が続いているのだ。新しいビジネスのチャンスを生んでいる他の多くのテクノロジーにはナノテクノロジー、ヴァーチャルリアリティ（VR）、3D印刷、ウェアラブルがある。このように、変化が生み出す機会は無限に広がっている。

そのようなテクノロジーが生む変化のおかげで破壊的なビジネスモデルが可能になり、ほぼすべての業界で中抜きを進める機会が生まれている。既存企業にとっては破壊的、新規参入者にとっては機会を意味する。

最初の参入者になることの重要性とは何か？

新しい分野で最初の参入者になることはどれほど重要なのだろうか？前人未踏の領域で先頭になることには間違いなく何らかの利点がある。イーロン・マスクやK・ガネシュのような起業家は絶対にこの方法が良いと言うだろう。

しかし、最初の参入者になれば、市場を創り出し、コンセプトの正しさを証明するために投資が必要になることがしばしばある。そのため、最初の参入者は高めのリスクをとらなければならない。コンセプトの正しさが証明されつつあるときも、より良質、安価で迅速なソリューションや、同様のサービスや商品を約束する他者が現れる前に規模を急拡大し、市場でリーダー的地位を確保しなくてはならない。ちなみに、最初にオペレーションシステム（OS）を開発したのはマイクロソフトではなかった。最初の検索エンジンはグーグルではなかった。最初のソーシャルメディアのプラットフォームはフェイスブックではなかった。アップルのiPadもその類の最初の製品ではなかった。

あなたがある市場で最初の参入者、素早い追随者、遅めの参入者のい

ずれであろうと、その分野でトップ3に入り競合を恐れないことを目指すべきである。最も企業価値が高い会社はしばしば最も競争が激しい分野でビジネスを展開している。一般的に、業界のトップ企業はその後に続く4〜5社の合計よりも市場価値が大きい。トップ2社の市場価値は、ほぼ間違いなくトップ10に残る他の企業の合計を超えているはずだ。それはグーグルやアップルのような企業を見れば明らかである。市場価値が長年、米3大自動車メーカー（ゼネラルモーターズ、フォード、クライスラー）の合計を超えているトヨタの場合も同様である。インドのIT産業のような1500億ドルの業界でさえ、業界が急成長する一方で主要企業はいずれも波に乗り、その市場価値に大きな差はなかった。市場の成長が鈍化したとき、規模で1位だったタタ・コンサルティング・サービス（Tata Consultancy Services：TCS）がインフォシス（Infosys）を抜いて市場価値でも1位となり、その後しばらくインフォシス、ウィプロ、HCL、テック・マヒンドラ（Tech Mahindra）の合計市場価値を超すまでになった。

　最初の参入者になることに利点があっても、それが市場のリーダーになれることを保証するわけではない。したがって、リーダーを目指すには自分の市場を厳密に定義することも重要となる。例えば、ハッピエストマインドは大きな市場にとても遅く参入したのでITサービスでインドのトップ5に入ることは全く期待できなかった。しかし、私たちの分野をデジタルトランスフォーメーションと決めれば、まずカスタマーマインドシェアでトップ5、そしていずれ収益でもトップ5に入ることを確実に期待できる。私たちはセキュリティや教育工学といった特定の分野も検討できる。それらの分野では大きなパラダイムシフトが起きていて、後発の参入者のほうが実際に最新の問題解決策を提供しやすくなっているからだ。

　最後に、トップ3またはトップ5に絶対入りたいという願望に関しては一言述べておきたい。大きな業界ではトップ10に入るだけでも大きな市

場価値を生み出せる。例えばマインドツリーはインドのIT業界では150番目の参入者だったが、現在は収益10位になっており、市場価値は150億米ドルを超えている。

アイデアの裏付け方

アイデアの裏付け方に関する話の序文として、起業家からベンチャーキャピタリストになり、ベンチャーキャピタリストからまた起業家になったアロク・ミッタル（ジョブズ・アヘッド：JobsAhead からカナン・パートナーズ：Canaan Partners、インディフィ：Indifi）がどのように2つめの企業インディフィ社のアイデアを思いつき、そのアイデアを裏付けたかを話したいと思う。彼は最初の起業のときはインターネットを梃子に何かをしようと決めていて、多くの選択肢を考えずにジョブズ・アヘッド社を立ち上げた。そして、ドットコムバブルが弾けた後はジョブズ・アヘッド社を Naukri.com に買収させることに成功した。

二度目の起業のとき、彼は1つのアイデアを完成させる前に十分な選択肢を持ちたいと考えた。まずアメリカで最も成長が早い5000社のリストに目を通し、調整すればインドに応用できそうなアイデアをそのリストから6つか7つか選んだ。そしてさらに吟味を重ね、アイデアを3つの全く異なる業界・分野に絞った。1つは教育分野のオフラインの家庭教師事業、2つめは消費者の立場に立った健康サービス、3つめは小企業向けのクラウド融資のプラットフォームだった。彼はこの3分野をどれもおおよそ理解していたが、深い知識はなかった。そこで彼は、フィードバックを得るためにリンクトイン（LinkedIn）とフェイスブックの自分のネットワークでアイデアを公表した。それはアイデアの裏付けをとるためだけでなく、共同創業者になれる人に関心を持ってもらうためでもあった。彼は自分に足りない知識を補ってもらうために誰を共同創業者に選ぶかは業界によって異なると考えていた。そして3分野のすべてに

ついてあまり費用をかけずに情報収集をすることに決めた。例えば教育分野の事業については、業者を雇って潜在客400人を対象に定量調査を行った。

　3つのアイデアがすべて併行して検討され、最終的に健康管理と教育のアイデアは外された。アロクがクラウド融資プラットフォームに決めたのは、潜在的な貸し手・借り手とのミーティングの他にアンカー・パートナー（Anchor Partner）の協力を得られたことが理由だった。その会社は航空券などのチケット類の卸売り業者で、既存の旅行代理店7000店を通じてビジネスの立ち上げを助けることができる立場にあった。最初の起業時とは違い、アロクは早めにアイデアをベンチャーキャピタルに持ち込んだ。自分の資金ニーズより投資家側の需要のほうが大きいことがわかったのは、それ自体アイデアの大きな裏付けとなった。面白いことに彼は機関投資家を2社選び、その2社が必要なエクイティをすべて出すことができたにもかかわらず自身も投資し、さらにそのビジネスに有益な示唆を与えてくれそうな個人投資家5人、つまり「インテリジェント・マネー」も仲間に加えた。

　アロクはアイデアの選択開始から資金調達までの全過程に8か月かけた。

　アロクの方法と経験から「アイデアの裏付け」に関して引き出せる原則をいくつか見てみよう。まず気付くのは、彼がSNSと職業ネットワークの両方でさまざまな人々にアイデアを公表したことである。これはデブラ・アミドン（Debra Amidon）の本『イン・サーチ・オブ・イノベーション（In Search of Innovation）』で非常に生彩に語られている。同書は1つのアイデアがどのように経済的に意味のある革新に変わっていくかという話である。著者はまずすべての友人と若干数の知らない人たちにアイデアを知らせる。すごく良いアイデアだと言う人もいれば、笑い出してクレイジーだと言う人もおり、自分がそのアイデアを思いつけば良かったと言う人もいれば、全然理解できないと言う人も、そのアイデアを盗もうとする人さえいた。世に出す準備が整うまでアイデアはその

28 ｜ 第1章　発想とアイデアの裏付け方法

浮き沈みの過程を経て修正、調整、改善されていく。

　アミドンの本とアロクの話から引き出せる別の重要な点は、アイデアの重要性、自分で心地良いアイデアにすること、アイデアに確信を持つことである。アイデアを温める間、あなたは常にアイデアのことを考えながら生き、呼吸し、夢を見なくてはならない。アイデアがどのように種から木に成長するかを心に描くべきだ。アイデアの裏付け方に関しアロクの話から学べるもう1つのことは、彼がアイデアをベンチャーキャピタルと個人投資家に持って行ったということである。外部投資家はそういうことを何度も「経験している」ので、彼の資金ニーズを超える前向きの回答が外部投資家の一部から得られたことは、アイデアの裏付けとなり、彼に勇気を与えてくれた。またアロクは投資家たちから多くの助言をもらい、それがアイデアの改善に役立った。

　アイデアを裏付ける1つの方法は、それを試してみることである。実現可能性を判断するには市場調査、フォーカスグループ、あるいはテストマーケティングというオプションがある。創業者が業界／市場をよく知っていて、市場に出すタイミングが非常に重要な場合もある。そのようなケースでは、最初から事業に全力投球すべきで、テストマーケティングは省略できる。ハッピエストマインドの場合がそうだった。

　B2Cビジネスに関しては、ポール・ライターのジェシー・ポールが、とあるセミナーでハーバード大学のデビッド・E・ベル（David E. Bell）から聞いた単純なABCDモデルのことをアショクに話してくれた。

A (Added Value) 付加価値：この商品／サービスはすでに市場にある商品／サービス以上に何ができるか。

B (Behavioural Change) その商品／サービスを使用するために必要な行動面の変化：それは最小限であるべき。

C (Complexity) 複雑さ：その商品／サービスを理解することがどれだけ難しいか？

第1章　発想とアイデアの裏付け方法　29

D (Diffusion) 普及：売れる商品／サービスか？ あなたが使っていること
を他の人たちがどう知るのか？

　アイデアの裏付けについては、起業家であるあなたが自問しなくては
ならないことが他にもいくつかある。まず、そのアイデアで事業規模を
拡大できるかどうか。それを判断するには、市場規模をよく理解するこ
とが重要だ。市場全体のデータは二次的なソースから入手できることが
よくあるが、そのようなデータは大きな間違いの元になりかねない。本
当に必要なのは、あなたの事業が進出できる市場サイズの正確な見積も
りである。それには客を分類して、あなたの商品／サービスを必要とす
る顧客の割合を見定め、さまざまな形で市場を細分化することが必要だ
ろう。例えば、ミーナ・ガネシュとK・ガネシュが展開する、一般家庭向
けの理学療法サービス、ポルティ（Portea.com）は、ミーナの父君の退
院後、自宅で行える術後リハビリサービスがないことに彼らが気づいた
ときに構想された。ポルティは明らかに顧客の泣きどころに応えるもの
だった。このように、泣きどころに対応することで生まれ、さらに結果
を出すアイデアはたくさんある。ただし、市場規模を見積もる際は、人
口のどれだけの割合がそのようなサービスに割り増し価格を払う用意が
あるかを見定めることが肝要である。また、在宅介護を望む人々に対す
るサービスで、ビジネスが対応しやすいのはどんな怪我だろうか？　例
えば足や膝の怪我のように、人の移動に影響する怪我の場合は市場で大
きなシェアを取れる可能性があるが、腕や肩の怪我の場合はそうではな
いかもしれない。
　ハッピエストマインドも、仮に市場規模をインドの外注市場全体と見積
もっていたら、およそ1500億米ドルの市場と考えるところだった。しか
し、私たちは破壊的なテクノロジーとデジタルトランスフォーメーショ
ンに特化する計画だったので、進出しない多くのセグメントを除外して
市場を見直す必要があった。しかも、売り上げが1億ドル以下のサービ

30 ｜ 第1章　発想とアイデアの裏付け方法

ス提供者に2500万ドルのプロジェクトを発注する顧客はいない。顧客1人（1社）に過度に依存することを避けるため、また顧客がリスクを感じるためである。私たちは大きな会社になるまでの長い間、そのような大きなビジネスから事実上締め出された。進出可能な市場の規模を見積もるに当たっては、それも考慮する必要があった。

アイデアを裏付けるには、予想できないところから現れる既存および将来の避けがたい競合を考慮することも重要である。また、あなたが大成功すると、ずっと資金力がある大企業があなたの領域を侵したいと考えることも覚えておこう。そのような攻撃からあなたのビジネスを守れるだろうか？　この質問から派生することだが、あなたは次々に差別化を行う能力があると思うだろうか？　どんな差別化にも寿命があるので、アイデアを守るには継続的に差別化を行う必要があることを忘れてはならない。

計画は早めに立てよう。事業が失敗するシナリオを心に描き、ハードルを乗り超える計画をどのように立てるかをよく考え、また精神面・資金面で困難を耐え抜く力を持つようにしよう。その準備には明確に、リスクをいくつかリストアップすることを含めておきたい。IPO申請書にある潜在リスクを何でも羅列したリストや、処方薬によく付いて来る注意書きのようなものであってはいけない。ビジネスの資本集約度、特に投資家が好むカテゴリーからあなたのビジネスが乖離する危険性が重要になる。ほとんどの業界で、投資ブームの後には必ず資金調達が困難な時期が来るからである。

あなたの事業のアイデアを裏付ける上でもう1つの重要な問題は、タイミングが適切かどうかということだ。商品またはサービスが新しいものだとしたら、市場にそれを受け入れる用意があるだろうか？　商品またはサービスの成功を支えるために必要なエコシステムやインフラが存在しているだろうか？　タイミングの重要性を示す良い例が、今世紀初頭にバンガロールで起きたファブマート（FabMart）の倒産と、最近のビッ

第1章　発想とアイデアの裏付け方法 ｜ 31

グ・バスケットの成功である。2000〜2004年の頃はスマートフォンなど注文に使えるマルチチャネルのデバイスは存在しておらず、バンガロールには満足なブロードバンドのインフラもなかった。そのため、ファブマートは強固なプラットフォームを持つ堅実経営の会社でありながら、十分な規模に成長することができなかった。時代を先取りしすぎたのである！

　自分のアイデアが裏付けられて楽観できるものになったとき、そのアイデアはアショクが呼ぶところの「頭・心・腹」テストに通らなくてはならない。「頭」は本章で論じた多くのことを確認し、長所・短所を比べ、数字による裏付けが可能なことをすべて数字で裏付ける。「心」は自分の感情に語りかけることである。そのアイデアは自分が熱中しているアイデアか？　起業チームに喜びと幸福を与える組織をつくるのに役立つアイデアか？　最後の「腹」は事業が5年以上の時間枠でうまくいくかどうかを判断する勘または直感である。今の選択を5年後に振り返って満足できるか？　もし自分の頭・心・腹が一致したら迷わずOKボタンを押そう。あなたのアイデアは成功する可能性がある。しかし、「頭・心・腹」がすべて一致していない場合は机に戻ってアイデアや事業を見直すか、助言のできる人に相談しよう。それでもまだ疑問が少しは残るかもしれない。起業とはリスクをとることなので、それらが自分に管理できるリスクだと思うなら起業に踏み切るべきである。

要点

● 起業の際の最も重要な決断は、事業の核になるアイデアの選択である。

● 選ぶアイデアは顧客の泣きどころを解決するか、既存のサービスを新しい形で届けるか、既存のビジネスを変革するものでなければならない。

● 変化は機会を生む。多くの変化は新しいテクノロジーに後押しされており、そのテクノロジーが新たなビジネスモデルを可能にしたり、新たなサービスを生んだりする。テクノロジーがビジネスを生む力を理

解することが重要。また、変化のペースが増しているため機会は無限にある。

●事業を始めるときは1つのアイデアに飛びついてはならない。2つまたは3つの選択肢を持とう。「万華鏡」手法で新しいアイデアを出そう。またWeb 3.0〜Web 5.0、SMAC、ビッグデータ、人工知能（AI）、モノのインターネット （IoT）などの新しいテクノロジーの進歩をチェックして、それがどのような新しいビジネスとビジネスモデルを可能にしているか確認しよう。

●選ばれたアイデアに決める前に、低コストの情報収集を行って、アイデアの裏付けをとろう。そのアイデアをソーシャルメディアで多くの人に伝え、決断する用意ができるまで温めよう。

●業界に最初に参入するほうが望ましいが、それより重要なのは差別化してから早めに参入することである。また、自分が選んだ分野でトップ3に入る目標を掲げること。

●事業規模の拡大が可能なアイデアか、競合から守れるアイデアかを検討して裏付けをとろう。

●どんな差別化にも寿命があるので、アイデアを守るには継続的な差別化が必要であることを忘れずに。

●タイミングが適切かどうかをチェックすること。市場にそのアイデアを受け入れる用意があるか、見極めよう。参入が早すぎたために失敗することは多々ある。

●「頭・心・腹」テストの手法で最終決定をしよう。

第2章　事業の資金調達

「資金がない起業家は楽器がない音楽家と同じである。」

ロバート・A・ライス Jr

　起業初心者や起業を考えている人たちから、私たちが一番よく聞かれるのはいつも資金調達に関することである。その質問とは自己資金による起業の是非、エンジェル投資家とベンチャーキャピタル（VC）のどちらが良いか、調達すべき金額、初回以降の資金調達に個人エクイティ投資家等新しい投資家に当たることなどである。資金調達の最終段階はIPO（株式市場への上場、つまり株式公開）だが、私たちが話す相手はほとんどがこれから起業を考えている人たちや起業したばかりの人たちなので、IPOのことは滅多に話題にならない。しかし、いつも私たちは、いつIPOを行うべきか起業家はおよそ理解しておくべきだと助言している。IPOが投資家の出口戦略を左右するからである。IPOを避け、戦略的な投資家を探して事業価値を現金化するつもりであっても、やはり起業家は、それが1つの選択肢か次善策かを明確にしておくべきである。アショクは二度の起業経験（マインドツリーとハッピエストマインド）のいずれにおいても、株式公開のために事業を育てようと決めていた。それを前もって投資家（いずれの場合もベンチャーキャピタル）に明確に伝え、6〜7年以内という期間を提示した。最初から具体的な期待を持たせるためだった。

自己資金による起業：長所と短所

　外部投資家の資金を得ることが可能な場合でも自己資金による起業（起業家が自分の資金—通常少額—で会社を立ち上げる場合）が良いという議論が成り立つのは、投資家の投資を先延ばしにすることによって事業価値がかなり高まる可能性がある場合である。しかし、この後本章で説明するように、事業価値を高める方法は他にもいろいろある。私たちは基本的に、最初から外部投資家を探すほうが良いとの立場だ。

　その方法を勧める理由は複数ある。まず、良い投資家はあなたのアイデアが正しいことを裏付けてくれるだけでなく、改善と調整を手伝ってくれる。彼らはビジネスモデルを調整したり、あなたとリスクを共有したり、才能がある人材を見つけたり、あなたを彼らのパートナーに紹介したりしてさまざまな形で付加価値を与えてくれる。

　公平を期して言えば、"リビング・ブートストラップ（Living Bootstrapped：外部の力を借りずに自己完結すること）"という記事（2016年1月17日付エコノミック・タイムズ）で触れられたように、自己資金でも儲かる事業になった例はたくさんある。サイン・イージー（SignEasy）、ゾーホー（Zoho）、フュージョンチャート（Fusioncharts）がその例だ。そのようなケースでは、創業者は自己資金の決断に満足しているようだが、問題は外部資金があったら会社がどれほど大きくなっていたか、あるいは企業価値がどれほど高まっていただろうかということである。

　もし事業に投資する資金が創業者にあるのであれば、最初の資金調達の一部にするほうが望ましいと私たちは考える。外部の投資家は、創業者が自腹を切ることを好ましいことと見るだろう。それに事業価値の観点から言えば、創業者の資金が投資家の資金と同じ条件で入る。ある意味、あなたが自分のベンチャーキャピタルになるわけだ。

　他方、創業者が投資に使える自分の資金をすべて事業に投じてしまうと、ベンチャーキャピタルと交渉するときまでに現金が枯渇してしまう

第2章　事業の資金調達　35

かもしれないという大きなリスクがある。追い詰められた状態でそのような交渉を行うことほどまずいことはない。手持ちの現金が減って給料が払えなくなるという可能性は不安を生み、最初のオファーを受けてしまうということになりかねない。自己資金だけで起業する道を選んで結果に満足している起業家にあなたも出会うことがあるだろう。しかし、その道は規模と利益率で他の起業家に追い越され、倹約と自己犠牲の生活を何年も強いられる可能性のほうが高い。

　いったん市場に参入すれば、他社の参入を許さないように事業を急速に拡大すべきだ。十分な資金はその加速ための燃料だ。投資家の資金と創業者の資金を合わせれば、当然、資金のパイは大きくなる。

　最後に付け加えるが、私たちが自己資金に反対する主な理由は、事業立ち上げに貯金を使い果たして失敗する創業者をあまりにも多く見てきたからである。

エンジェル投資家かベンチャーキャピタルか？

　エンジェル投資家とベンチャーキャピタルのどちらにすべきかについては、起業家の数ほど多くの意見があるかもしれない。起業家であり起業コンサルタントでもあるプラヤクト・ラウト（Prajakt Raut）はベンチャーキャピタルよりエンジェル投資家に多くの利点（それに若干の欠点）があるとしている。一方、アショクの見方は少し違う。エンジェル投資家は通常100万ドル以上投資しないので、事業立ち上げの間に出費が重なれば、いずれにせよそのうちにベンチャーキャピタルのドアをノックすることになるからだ。ほとんどの場合、企業はIPOに至るまでの時間の多くをベンチャーキャピタルと過ごすことになる。

　持ち株は資金調達の度に希釈化するので、ベンチャーキャピタルに事業への関心を持たせることができるならベンチャーキャピタルに直行すべきである。プラヤクトは、ベンチャーキャピタルとエンジェル投資家

とでは助言の内容に違いがあり、起業時はエンジェル投資家のほうがビジネスの基本的なことで助けてくれ、立ち上げを指導してくれると見ている。他方、私たちは、良いベンチャーキャピタルなら起業の段階でも有益な支援を惜しまないと考えている。

　カルティカ・クリシュナムルジ（Karthika Krishnamurthy）が〝アイデアの力：変わりゆく市場においてエンジェル投資ネットワークがいかに革新を迫られているか〟（2015年10月9日付エコノミック・タイムズ）という優れた記事でエンジェル投資家のネットワークが提供する機会（ほとんどインドのものだが一部世界的なものもある）について包括的に説明している。その記事に「伝統的なエンジェルネットワークからの投資の流れは過去数年間のうちに減少しており、その話を耳にすることはもうほとんどない。その代わりにアクセラレーターとインキュベーターが手を差し伸べ始めている」というノーウェスト・ベンチャー・パートナーズ（Norwest Venture Partners）のモハン・クマー（Mohan Kumar）のコメントがある。しかし、エンジェルのエコシステムは非常に活発であり過小評価すべきではないということに、最近、私たちは気付いた。インフォシスの創業者の1人でインド・エンジェルネットワーク（Indian Angel Network）のメンバーであるクリス・ゴパラクリシャナン（Kris Gopalakrishanan）は「結局、私はそういうネットワークはすべて補完的なものと見ている。今は起業資金の需要があるのでいろいろなモデルが共存できる」と言う。2015年以来、起業ブームでエンジェル投資家の動きも活発になっている。シャラド・シャルマ（Sharad Sharma）、モハンダス・パイ（Mohandas Pai）、ラヤン・アナンダン（Rajan Anandan）やその他多くの投資家が毎年何百もの起業に貢献している。〝エンジェル投資家の数が最も多い町ムンバイ〟と題された記事（2016年5月25日付タイムズ・オブ・インディア）は、エンジェルの取引件数は2015年にほぼ倍増して691件になったと伝えている。

　起業家にとって喜ばしいことは、エンジェル投資家とベンチャーキャピ

タルの幅広いオプションがあるということだ。しかも選択肢はエンジェルとベンチャーキャピタルに限られない。今はオンラインの取引プラットフォームやクラウドファンディングなど、幅広い選択肢がある。ビジネス・トゥデイ誌に掲載されたベンカテシ・バブ（Venkatesh Babu）のクラウドファンディング全般に関する記事は、主なクラウドファンディングのプラットフォームとしてレット・ベンチャー（LetsVenture）、タイムシート（termsheet.io）、インヴェストパッド（Investopad）、キャタプールト（Catapooolt）を挙げている。クラウドソーシングのプラットフォームの多くは社会部門のプロジェクトを好んでいる。ケト（Ketto）、フューエルドリーム（Fueladream）、ビットギビング（BitGiving）がその例だ。クラウドソーシングのプロジェクトで調達される資金の総額はエンジェル投資家が出す金額と同等またはそれより若干多くなっている。

　もしベンチャーキャピタルのように300万米ドル以上の資金を出せる機関を探しているのであれば、現在新規事業に戦略的投資を行っている大企業も選択肢となる。中国のアリババ（Alibaba）、インフォシスやウィプロ社などの大手IT企業がその例だ。さらに大きな2500万米ドル以上の資金を出すのはエクイティ投資家のKKR、アポロ（Apollo）、カーライル（Carlyle）、それに中東諸国のソブリン・ウエルス・ファンド（Sovereign Wealth Fund）だ。私たちは初期投資に最も資金を出せるのはベンチャーキャピタル企業と考えているので、次章ではベンチャーキャピタルとの交渉と「つき合い方」に焦点を当てる。そのポイントの多くは、他のタイプの投資家との関係にも応用できる。

適切な調達金額は？

　創業者から最もよくある質問は「いくら調達すべきでしょうか？」である。
　この質問に答えるために、いくつかルールを決めたいと思う。

・まず会社が損益分岐点に達するまでに必要な金額を予想する。
・企業買収が成長戦略の一部になりそうであれば買収額を足す。
・上記の合計がIPOまたは出口戦略までに調達すべき金額になる。
・その金額を2回、3回または4回のいずれで調達するかを決める。5回ほど調達を行う企業がアメリカに多いことは知っているが、毎回持ち株の希釈化が起きるので二、三度を限度とするのが理想的だ。資金調達の回数が多いもう1つの例は、資金需要が旺盛で事業価値を絶えず高めながら資金調達できるeコマース業者である。
・事業の運営資金はいつの時点でも6か月分を下回ってはならない。したがって、初回の資金調達 （創業者の資金がある場合はそれを加えた資金）は最低2年分とすべきである。なお、私たちの理想は3年分だ。
・調達交渉には毎回6か月以上を見込む。法的な合意は長い時間を要することがあり、忍耐が必要。起業家はそれに備えねばならない。したがって、「次回の」調達交渉は最低12か月分の運転資金がある時に始めるべきである。

　事業をたたむ理由として最も多いのは資金が途絶えることだが、調達資金が多すぎてもいけない。その理由の1つは言うまでなく、持ち株の価値を必要以上に希釈化してしまうことにある。もう1つの理由は、資金が多すぎると節約の精神が育たず、出費を抑えるのが難しくなることである。私たちは初回の資金調達が5250万米ドルだったハッピエストマインドで、その影響を経験した。創業者の持ち株の希釈化はアショクが5250万ドルの相当部分を自ら投資したことで相殺された。

事業価値の最大化

　事業価値の最大化について話すとき、私たちはそれが初回のみならず毎回の資金調達に必要な戦略であることを強調しなければならない。

第2章　事業の資金調達　39

初回の資金調達では事業価値の主な決定要因は「アイデア」、「起業チーム」それに戦略／マーケティング／財務計画から成る「事業計画」である。アイデアの裏付け方については第1章で詳しく説明した。私たちの経験では、大半の起業家は戦略とマーケティングの計画が弱点だ。それは単に彼らの多くが自分の製品とアイデアのすばらしさに興奮している「技術屋」だからかもしれない。起業年齢がどんどん下がっていることもあり、販売とマーケティングの力学をよく理解していない起業家がほとんどである。私たちは本書のマーケティングに関する章でこの問題を広くカバーしている。

　財務計画は常に完成しているが、最も疑わしい計画でもある。会計士を見つけて、魅力的な利益率で収益が順調に伸びるグラフを作らせることは、新米起業家の誰にでもできる。楽観的すぎる予測を立てないよう、私たちは起業家に厳しく警告したい。経験豊かなベンチャーキャピタルはすぐにそれを見抜いて予測を適宜下方修正するだろう。発生する可能性が低い外部の出来事が何か起きて事業の足を引っ張るという想定をするかもしれない。もしあなたが自分のアイデアと起業チームに自信があるのなら数字を誇張する必要はない。誇張が災いの元になることはしばしばある。ベンチャーキャピタルは誇張された数字を達成条件に含め、達成されないと再評価を行うかもしれない。あるいは投資家の持ち分を増やす別の条項を挿入するかもしれない。これについては次章で例示する。

　事業計画が投資家に受け入れられれば、5年目の予測がその年の事業価値を推定する良い土台になる。その価値から逆算すると、現在の企業価値を算定することができる。

　新規事業の価値を正しく評価するのは決して簡単なことではない。しかし、過去に同じ分野で事業買収があれば、その売買の収益または利益乗数が事業価値を予測する上で良い指標になるだろう。ただし、投資家のエクイティの価値は最終的に交渉で決まる数字である。

　事業価値に影響する1つの非常に大きな要因は、タイミングである。投

資業界には行きすぎた楽観の時期、現実的な再評価の時期、悲観の時期という周期がある。また、ある時期に「流行る」業界がある。起業家にすれば、そのような上向きの波の1つに乗るのが一番だ。例えばマインドツリーでは最初の資金調達をドットコムブームの絶頂時に行った。その6か月後だったら事業価値は半分にもならなかっただろう（つまり持ち株の希釈化が倍になっていた）。もし9か月後だったら、インターネットシステムインテグレーターという会社の位置付けではまるで資金調達ができなかったはずだ。

次回の資金調達決定までの運転資金

　資金をできるだけうまく使うには現金を浪費しない戦略を立てるのが一番なので、ここでそのことに触れておきたいと思う。

　私たちは創業社長（加えて、財務責任者）が意思決定のために「次回の資金調達決定までの現金」のルールを定めることを勧める。アショクが以下に例を挙げてそれを説明する——。

　　マインドツリーの共同創業者たちが私に話を持って来たとき（私たちは昔、ベンチャーキャピタルのワルデン（Walden）で知り合いだった）、彼らは現金500万ドルを調達しようとして、それまで数か月間交渉していました。事業計画も立てており、その計画では500万ドルの現金のうち相当額が土地購入と開発センターの建設に使われることになっていました。7年間の損益計算で見れば、それが施設を借りるより良い選択肢だったかもしれません。私はすでに1000万ドルのコミット（＝出資の約束）を得ていましたが、キャッシュフローで見るとその計画では次回の資金調達の時期をかなり早めることになってしまうと言って彼らを説得しました。その過渡期に市場価値を最低でも50％高められたとしたら、次回

は持ち分の希釈化をずっと抑えて同金額を調達できるはずでした。このケースではそうすることによって次回の資金調達を先延ばしできただけでなく、マインドツリーの生き残りも確かなものにすることができました。500万ドルの現金で始めたインターネットシステムインテグレーターがその半額を土地／建物に使っていたら、ドットコムバブルが弾けたときに最初に倒産した数社の1つになっていたでしょう。

　現金浪費の例でもう1つよくあるのが「早すぎる」企業買収だ。ドットコムブームの時代、若い企業が似たような新しい会社を莫大なプレミアムを払って買収し、合併した企業が数か月でつぶれるということがあったが、私たちはそのような若い企業が多いことに大変驚いた。得したのは売り逃げた株主だけだ。もっと最近では、フリップカート（Flipkart）が別のeコマースの新会社ミントラ（Myntra）を買収している。フリップカートは事業価値が高く、何度も資金調達を行って資金が潤沢だったが、アマゾンがインド参入に成功したため、全資金の投入が必要になるような困難な事態に遠からず直面するかもしれない。他にはゾマト（Zomato）がアメリカでネクストテーブル（NexTable）を買収したことがメディアで大きく報道されたが、その数か月後には事業存続のために数百人の解雇を余儀なくされた。

　公平に言えば、そういった間違いを犯すのは新しい企業だけではない。資金不足だったデカン・アヴィエーション（Deccan Aviation）をキングフィッシャー航空（Kingfisher Airlines）が買収したケースほどドラマチックな例は世界でも見ない。デカン・アヴィエーションはインドのLCCとして草分けだったが、そのバランスシートはメチャクチャで資金調達が途絶えていた。キングフィッシャー航空はインド随一のフルサービスの航空会社として短期間で評判とブランドを確立していたが、やはり赤字だった。まずキングフィッシャー航空はお粗末な計画の買収でデ

カン・アヴィエーションの市場をつぶしてしまった。低料金の航空会社をいかに経営すべきかを知らなかったからだ。その一方でキングフィッシャー航空はバンガロール＝サンフランシスコ間で最初のノンストップ便を始めるという壮大な計画も持っていた。そのような計画が宣伝される中、同社はある日予告なしに多数の便のキャンセルを発表した。すべての飛行機を飛ばす資金がなかったのである。危機に気付いたときはもう手遅れだったようだ。市場はこれに仰天し、インド最高の航空会社になるはずだった同社の解体・消滅が始まった（厳密に言えばキングフィッシャー航空はまだ存在しているが、まったく営業していない）。

資金調達の可能性と容易さ

　今ほど起業家になるのが良い時代は過去になかったのではないだろうか。今、世界で爆発的に行われている起業は技術革新がその原動力だが、ベンチャーキャピタルが用意する莫大な資金も後押ししている。

　過去数十年間、ベンチャーキャピタルの資金量が最も多かったホットスポットはカリフォルニア州シリコンバレーのパロ・アルトだった。今後も当分そうだろう。パロ・アルトのサンドヒル通り（Sand Hill Road）には1マイル当たり世界の他のどこよりも多くのベンチャーキャピタルがある。私たちはパロ・アルトのベンチャーキャピタルの数、資金量、資金調達の容易さの間に相関関係を見ているが、それは間違いかもしれない。パロ・アルトの投資家は経験豊富で洞察力があるからだ。しかしその豊富な資金が世界の多くの場所から調達可能であるというのは喜ばしいことである。世界進出を目指す企業が増える中、英国にいようと中国にいようとオーストラリアにいようとインドにいようと、起業家は、どこからでもベンチャーキャピタルに投資を求めることができる。投資はベンチャーキャピタルのグローバルファンドから出ることもあれば、ベンチャーキャピタルによっては特定国向けのファンドから出ることもあ

第2章　事業の資金調達　43

る。私たちがハッピエストマインドへの投資に関してカナンにプレゼン
を行った際は、北京、テルアビブ、ボストン、シリコンバレー、インド
を拠点とするカナンのパートナーたちがバーチャル会議に出席した。

　経済が成長している主な国々では、他の多くの国際的な資金源と並ん
で地元のベンチャーキャピタルが伸びてきている。日本のソフトバンク
は世界で非常に活発なファンドだ。英国、シンガポール、中東の多くの
ファンドも長年インドで営業している。

　インドはおそらく今の世界で最も資金調達が容易な市場の1つで、良
いアイデアを追いかけるお金のほうがその逆より絶対に多いと私たちは
考えている。インドにもユニコーンが若干育ってきているので市場価値
も期待も高まっている。わずか数年で市場価値が150億ドルに急増した
フリップカートがそのユニコーンの例であることは言うまでもない。現
在インドにはユニコーンが7社あり、5年後には15〜20社あるいはそれ
以上になる可能性が十分ある。

　私たちは最近カナダとヨーロッパから来た若い起業家の代表団と会合
を持った。彼らから最もよく聞かれた質問は―意外なことではないが―
資金調達に関することだ。起業に向けインドでコネをつくってインドで
資金調達するようアショクは助言している。

　地理的な問題とは別に、資金調達を容易にし、かつ事業価値を高める
ことに役立つ他の要因は何だろうか？　先に説明したように第1の要因
はアイデアの中身で、またその中身が、ベンチャーキャピタルが現在好
みとする投資の「アイデアのジャンル」に合っているかどうかである。
これを「お金を追いかける」方法と呼んでもいいだろう。

　創業者または共同創業者の経験も非常に大きな差を生むことがある。
必ずしも熟年になってから起業するほうが良いと言いたいのではないが、
それでもアショクの体験は語っておく価値がある。アショクは、58歳だっ
たマインドツリーの起業時代、アメリカに1本電話して資金調達したと言
うのが口ぐせだ。アジム・プレムジ のオフィス（ウィプロが新社長を雇

44 ｜ 第2章　事業の資金調達

えるように6か月の移行期間を設けることに彼が同意したオフィス）を出て1時間もしないうちにアメリカのワルデンと電話で話し、1000万ドルをコミットしてもらった。アショクは譲渡したいと考えているパーセンテージも明確に伝えた（結局、彼は電話で希望した事業価値に対して950万ドルと決めた）。この話は本当だが、公平を期して付け加えれば、マインドツリーの最初の資金調達に応じたベンチャーキャピタル（アメリカのワルデンとインドのGTV）がその数か月前にアショクに連絡をとり、独力で起業するよう勧めていたのである。ここに述べたことはすべてドットコムブームの絶頂期に起きたので、それが「熱い分野」であったことも関係していた。

　11年後、アショクがハッピエストマインドを始め、ITサービスがもはや投資家が好む分野でなかったときには事はそう簡単ではなかった。そのときはアショクの経験がさらに役に立った。交渉を開始してから4か月も経たないうちに投資家のお金が銀行に入っていた。ハッピエストマインドのケースで本当に役立ったのはアショク自身が相当の金額を投資することに前向きだったことだ。創業チームが強力だったこともマインドツリーとハッピエストマインドの両方のケースで役に立った。

　それより目覚ましいのはデイブ・ダッフィールド（Dave Duffield）の例だ。彼は65歳のときにピープルソフト（PeopleSoft：彼が共同創業者）を売却した後まもなく同社を離れ、ワークデイ（Workday）の創業に向け巨額の資金を調達することに成功した。ワークデイはクラウドからSaaS（ソフトウェア・アズ・ア・サービス）を届けるビジネスモデルで、彼が前にいた企業の競争相手だ。この場合は明らかに、彼の経験が大いに物を言った。

　熟年者の起業の利点に触れたので、起業家の平均年齢が世界中で下がっていて、若い起業家が事業価値を非常に高く評価されて巨額の資金を調達していることを付け加えないとフェアではないだろう。今日のインドでは、起業家の勤務経験は平均7年で、低下中と見られている。起業家

になる「適齢期」があるとは思わない。起業する用意があるときには用意ができているのだから、そのときが起業に踏み切る正しい時期であり、正しい年齢だと言える。

公債ほか資金源の検討

エクイティ以外の資金調達の選択肢も検討することが望ましい。インド政府の中小企業保証制度は、銀行から担保なしに最高1000万ルピーの資金を受ける機会を提供している。ハイテク分野の企業の場合は、政府のテクノロジー開発基金からの資金調達が非常に現実的な選択肢だ。これは主に融資の形態で、その小さな部分がエクイティに転換可能だ。

州政府のベンチャーキャピタル基金には公債とエクイティを組み合わせて資金を提供するものがいくつかある。一般的にエクイティは額面価格が20％以下で、大部分が融資として提供される。企業に融資に対する返済能力がある限り、これは非常に良い選択肢である。

初期の資金ニーズを抑えるもう1つの方法は、現在全国にあるインキュベーションセンターを検討することだ。多くの大学にあり、大学以外の場所にもある。

概して言えば、融資を返済できるだけのキャッシュフローがあるまではバランスシートに借金を載せるのは良くないと私たちは考えている。返済能力をつけた後は、エクイティによる資金調達を先延ばしにできるのであれば、節度のある借金は望ましいオプションだ。事業価値をはるかに高めて次回調達時の希釈化を抑えるためである。

要点

●企業が当初から魅力的な事業価値を得られる場合は、自己資金のみによる起業より外部投資を受けるほうが良いと思う。ベンチャーキャピタルの支援を除き、外部投資は市場に早く参入するための燃料となる。

自己資金だけで起業を試みて貯蓄を使い果たしてしまう創業者があまりにも多い。

●創業者の投資がある場合は、内部資金と外部資金が同じ事業価値のときに入るように初回の資金調達時に一緒に行うことができる。ある意味、創業者は自分のベンチャーキャピタルとなる。

●エンジェル投資家が100万ドル以上投資することは普通ない。そのためにすぐにベンチャーキャピタルのドアを叩くことになるくらいなら最初からベンチャーキャピタルに直行するのが最善。

●資金調達で最も重要なのは損益なしの状態にするまでに必要な現金の見積もり。その金額が一度または数度で調達すべき最低金額になる。企業買収を行う予定があれば、その金額に買収に必要な額を加えておく。

●損益分岐点の数字を計算し終わったら、希釈化を最小限にとどめ、その金額を調達する戦略を立てる。

●最初の調達は2年以上の運転資金の金額であるべき。その後の調達交渉は資金が12か月分に減ったときに始める。

●調達交渉は毎回戦略がなければならない。

●事業価値の計算は5〜7年間の財務予測を基に行うべきだ。

●あなたが競争力を持つ分野またはマーケットスペースにおける過去の売買が、収益や事業価値評価の利益乗数の参考になる。しかし、実際の事業価値と投資家のエクイティは最終的に交渉で決まる。

●ベンチャーキャピタルが今好んでいる分野で事業を波に乗せることができれば言うことはない。

●起業家になるには今が最高のとき。世界の起業のホットスポットにおいては、資金調達を受けられるアイデアよりお金のほうがたくさんある。

●ベンチャーキャピタルに好かれる投資先としてインドの時代が来たことを示す明らかな兆候がある。

●インドには公債とエクイティを組み合わせて資金提供を行う政府の制度があり、検討する価値がある。一般的に、借金を返済できるだけの

キャッシュフローがあるまでは、バランスシートに借金を載せるのは
良くない。

第3章 ベンチャーキャピタルへの優位性の確保

「スタートアップ企業の創業者と投資家の関係は結婚生活に似ている。よき時にはこの上なく楽しく、困難に直面した時には悪夢のようになる。」
マリーニ・ゴヤル、『エコノミック・タイムズ紙』より

前章で私たちは、さまざまな種類の資金源と、資金調達の全ラウンドで企業価値を最大限に高めるためにはどのくらいの資金を調達すべきか、について議論した。この章ではさらに、例えばベンチャーキャピタルによる経営へのコントロールのレベルや、賢く渡り合わなければ創業者に苦悩をもたらすような事柄など、創業者が享受すべき富の配分に影響する、ベンチャーキャピタルとの交渉に関連した問題について考察を深める。また、話をわかりやすく説明するために、私たちはこれまで総称としての「ベンチャーキャピタル」という言葉を使ってきた。この章でも、それがエンジェル投資家であろうが、初期段階の投資に特化したベンチャーキャピタルだろうが、初期投資専門のファンド系投資家であろうが、あらゆるすべての種類の投資家を含んでの議論をすることとしたい。

アショクがエンジニアとしてカルカッタでキャリアをスタートしたとき、彼は労働組合の練達の指導者たちと対応し、また交渉しなければならなかった。30年後、彼がベンチャーキャピタルとの最初の対話を始めたとき、彼は1つの衝撃的な共通点に気が付いた。労働組合の指導者たちと同様に、ベンチャーキャピタルには彼自身のような何百人もの人間に対応してきた経験があったことだ。経験の豊かさではベンチャーキャピタルや組合指導者たちに優位性があり、昼食の話のネタにした後は彼のことなど忘れ去るようなことも多かった。幸運なことに、彼らのうち

の誰もがアショクにそうしたことはしなかったし、むしろ彼は新人のアントレプレナーにとってとても価値のあるノウハウを得ることができた。アショクはこれまで、マインドツリーとハッピエストマインド、そしてマインドツリーを創業する2年前に彼が構想しておきながら結局立ち上げなかったベンチャー企業の資金調達の度に、5社のベンチャーキャピタルと2社のファンド系投資会社と密接に関係してきた。

　もし、ベンチャーキャピタルについてネガティブな見方を期待しているのであれば、シリコンバレーで最も長くCEOを務めていると称するレイ・ジン（Ray Zinn）の『タフ・シングス・ファースト（Tough Things First)』を読めば十分だ。レイの見るところによれば、ベンチャーキャピタルとは、限られた時間内にいらいらして投資対効果（ROI: return on investment）を欲しがり、それが得られないときには会社の心臓（つまり、CEO）を入れ替える外科手術をもいとわない人たちのことを指す。彼はまた、ベンチャーキャピタルを素早く除細動器になるペースメーカーになぞらえ、不親切な悪口、ハゲタカ資本家（Vulture Capitalists）と洒落を言う。だが、私たちの経験から言うと、最も適切な例えは「価値創造者（Value Creator)」である。「価値の創造」はアントレプレナーとの共同作業で成しとげられるものであり、アントレプレナー自身が創造された価値について公平な分け前を得られることがまた、重要である。

　いくつかのキーポイントについて考察する前に、アショクは彼がベンチャーキャピタルと持ったさまざまな体験を共有するべきと考える――。

　　　私がマインドツリーを創業する3年前、1996年のことでした。ドレイパー・インターナショナル（Draper International）のアドヘイ・ハバルダール（Abhay Havaldar）は私とビジネスミーティングの場を持ちたがっていました。とても品のある紳士のアドヘイはビル・ドレイパー・ベンチャー基金（Bill Draper Venture Fund）に

ついて話し、（ウィプロから）独立して会社を興したいなら喜んで
資金援助すると持ちかけてきました。私は当時アントレプレナー
になるという果たせぬ夢を持っており、その最初のミーティング
で起業に興味があることを示唆しました。それから物事が驚くべ
きスピードで進みまし。2、3か月もたたないうちに、私は新しい電
気通信機器の簡単な提案書を用意しました。アドヘイはすぐにビ
ルとのミーティングをセットアップし、次のアメリカ出張で（当時
アショクは年に6、7回海外出張していた）私はビルとのミーティ
ングを無理矢理スケジュールに入れました。私たちはサンフラン
シスコの瀟洒なオフィスで1時間ほど会って話をしました。ビル
は計画の数などにはあまり目もくれず、ただ私の起業家精神への
コミットメントと変革をもたらすことへの動機に興味を持ってい
ました。ビルはまた私がソフトウェア製品の開発に知見があるか
どうかを知りたがりました。私はウィプロ社でCyberManageとい
うネットワークソフトウェアを開発し、コンピュータが実用的に
なってからはOSやコンパイラなどすべてのソフトウェア製品ラ
インナップを手掛けていることを話しました。1時間のミーティ
ングの最後にビルは私の新規事業に喜んで投資する、と言いまし
た。1週間後、私は50：50の株式配分で200万ドルの投資を受け
取る仮契約書にサインをしました。私は満を持して、そして喜び
に満たされてその条件を受け入れました。しかし、私にとって結
果的に幸運だったのは、その仮契約を正式な最終合意書にまとめ
る前に、ウィプロの会長でアショクの上司だったアジム・プレム
ジがアショクに社に残るよう説得してくれたことでした。

　それから2年の間に、業界にはドットコムブームが巻き起こり、
数多くの新しくて面白いことが世間をさわがせました。全国ソフ
トウェアサービス企業協会（NASSCOM）の動きを見ていたワル

第3章　ベンチャーキャピタルへの優位性の確保 | 51

デンのソム・ダス（Som Das：アショクのVLSI時代からの旧友）
は、彼の上司であるリップ・ブー・タン（Lip-Bu Tan）との朝食
ミーティングをアレンジしてくれました。メッセージはいつも同
じで、もし私が独立するのであれば、喜んで出資するというもの
でした。数か月後、私の友人であるジャイラジ（Jairaj：カルナー
タカ州政府の役人）が私に会いたがっている人がいると言ってき
ました。昼食を兼ねたミーティングがセットされましたが、私は
誰がなぜ会いたがっているのか知らされていませんでした。ジャ
イラジの目的はとあるベンチャーキャピタルのV.G.シッダールタ
（V.G. Siddhartha）とのマッチメイキングでした。そのベンチャー
キャピタリストは後に、カフェ・コーヒー・デイ（Cafe Coffee Day：
CCD）のアントレプレナーとして知られるようになる人物です。
このミーティングから2、3か月後、私は上司のプレムジからウィ
プロから独立してもよい、という許可を得ました。その晩、私は
アメリカのワルデンに電話し、シッダールタの事務所であるGTV
との契約を締結させました。ドレイパーとの取引内容と比較しな
がら諸条件を考慮し、株式配分の半分に関して5倍以上有利に引
き上げさせることに成功しました。

　私のワルデンとGTVに対する関係は極めてポジティブなものと
なりました。同じことは私たちがハッピエストマインドを設立し
たときに選ばれたベンチャーキャピタルであるカナン・パートナー
ズとインテルについても言うことができます。これらの投資パー
トナーたちはアショクらに対して公平で、親切な条件を提示して
くれました（後に説明しますが、決してドレイパーの提示条件が
不公平だったというわけではありません）。しかも彼らはさまざま
な方法で付加価値を提供してくれました（彼らは忍耐強い投資家
であり、関与と干渉のバランスをとって、困難なときでも献身的

に援助の手を差し伸べ、投資ラウンドごとに追加投資を惜しみませんでした）。彼らの中でも特に、ワルデン会長の（ケーデンス：Cadenceの会長でもある）リップ・ブー・タンは、アショクにとって模範的な取締役で、広い人脈を駆使して、タンの出資先か否かにかかわらず、マインドツリーにさまざまな企業や人物を紹介してくれました。経営会議では重要顧客とのつながりに鋭い指摘を投げかけ、私たちの助けになりそうな顧客がいるときにはいつも声をかけてくれました。私たちが起業してから2、3年後、タンはデビッド・トンプソン（David Thomson）著の『ブループリント・トゥ・ア・ビリオン（Blueprint to a Billion）』をアショクに贈り、マインドツリーがいつか10億ドルの価値がある会社になりえる可能性を秘めていることを教えてくれました。

　ただ1つ苦い経験だったのは（後味も悪い経験でした）、私たちがマインドツリーの二度目の投資ラウンドを行っていたときのことです。2000年の終わりの頃、マインドツリーを起業してから15か月がたち、私はパネル方式の正式なプレゼンテーションを行い、招待したすべての投資家から強い関心を得ていました。そのうちの1社、国際的に活動するメガバンクで新しく誕生したプライベートエクイティ投資部門が他のすべての投資家たちより約25％高い資産評価額を提示してきました。私はそれまで公開株投資を行ってきたそのメガバンクの投資部門とポジティブな関係を得て、すぐにその会社と独占的な協議に入りました。

　いまここで、この会社をZ社と呼ぶことにしましょう。Z社は作業を迅速に進めることを約束し、非常に簡単な契約書を用意してきました。しかし、その後私たちは大企業の官僚主義の側面を目撃することになりました。スケジュールは遅れ、ついに契約書を手に入れることはできましたが、それは疑いようもなく高額の

第3章　ベンチャーキャピタルへの優位性の確保　53

フィーを取る弁護士によってドラフトされたもので、それまでにアショクが見た契約書の中で最も複雑な内容でした。一般的に初期投資家というものは明らかに大きなリスクを取らなければならないというときに、投資家側に考えられる限りの保護条項をすべて用意する一方で、起業家には厳しい、マイナス効果しかない諸条件を強いるものだったのです。

　私たちは条項ごとに何週間もかけ、交渉を重ねました。しばらくするうちに世界的な景気後退の波が押し寄せ、ドットコム企業の破産が顕在化してきました。デューデリジェンスの後、Ｚ社はかなり低い評価額を再提示してきて、私はそれを受け入れざるをえなくなりました。世の中の経済状況からして、過去にマインドツリーに興味を示していた他の投資家たちと交渉を再開することができる状況ではありませんでした。そこで私はＺ社との交渉はほぼまとまったと信じて、2001年5月にヴェネチアへ休暇旅行に出かける計画を立てていました。

　しかし、私はヴェネチア滞在中にＺ社からさらに異なる内容の投資契約書のドラフトを受け取ることになりました。そのドラフトは私を苦しめる内容の条件を未だに含むものでしたが、独特の直感で早く進めたほうがいいと思い立ち、クリシュナクマール（Krishnakumar）とベンカトラマン（Venkatraman、ハッピエストマインドで当時も今もアショクのCFOを務めています）に相談の上、そのドラフト案を受け入れることにしました。そして2001年9月4日までにマインドツリーの銀行口座に第2投資ラウンドの募集額である1430万ドルが振り込まれました。

　そして1週間もしないうちに9.11世界同時多発テロが起き、世界は経済的な大混乱に陥りました。もし9月初めに投資契約を締結していなければ、私たちは第2投資ラウンドの募集に失敗し、マ

54 | 第3章　ベンチャーキャピタルへの優位性の確保

インドツリーはその他の破たんしたドットコム企業たちと一緒にシステムインテグレーターのゴミ箱に放り込まれていたに違いありません。一方、私が懸念していた条項（あえて言えば、反道徳的な条項）は後でＺ社に行使され、マインドツリーの発行済み株式の３％にすぎなかった彼らの持ち株は11％からさらに14％に上昇しました。

アショクの経験に学ぶ

　はじめに、仮契約書を受け入れながら結局投資を受けなかった、アショクのドレイパー・インターナショナルとの交渉について考えてみよう。我々の態度は、実際、未熟そのものだった。アショクは彼が作ろうとしていた会社に対する正当な価値評価についてまったく無知で、最初に来た投資話に飛びついただけだったのだ。

　ビル・ドレイパーの視点ではあのオファーは至極公平であり、彼の著作『スタートアップ・ゲーム（The Startup Game）』にもあるとおり、それは彼の50：50の考え方が貫かれたものだった。すなわち、ベンチャーキャピタルは必要な資金のすべてを投入し、起業家は「血と汗と涙」を投入して、投入資本が著しく少額か過剰な金額でない限り、その投資オファーは公平なものであるという考え方である。ESOP (Employee Stock Ownership Plan：従業員による株式所有計画) の希釈化と投資ラウンドごとのインパクトは双方に公平がもたらされる。もしアショクがこのオファーを受け入れ、3、4回の投資ラウンドを行わなければならなかったとしたら、彼は他の創業者らとさらに利益分配することによって、少額の退職金と、価値創造に貢献した報酬としてささやかな持ち株を手にして会社を去らなければならなかっただろう。

　ダニエル・アイゼンバーグが彼の著作『価値がなく、不可能で馬鹿げ

た挑戦』で述べているとおり、数多くのアントレプレナーが、彼らへの見返りが少ないか、創造した価値に対してもっと多くの適切な配分を得ることができたはずだと考えていることがわかっている。読者の皆さんはそのようなグループの一員にはなりたくないだろう。

　マインドツリーの最初の投資ラウンドでアショクは他のベンチャーキャピタルからのオファーを探し漁ったわけではなかったが、彼の共同創業者たちはアショクに出会う前に、しいてはワルデンとの協議を始める前に、独自に機会を探し求めた。ワルデンとGTVが最高の条件の投資オファーを提示したことがその表れである。さらに言うと、ワルデンのリップ・ブー・タンやソム・ダス、GTVのシッダールタとのように、これらの投資パートナー企業との関係構築に満足のいくレベルを得られたことである。個人的な知己を得られることはそのような良好な関係を維持することにとても重要である。

　アショクがマインドツリーの2回目の投資ラウンドで既存の投資パートナー企業を除外したとき、リップ・ブーはZ社が基本的に金融投資家であること、そして彼らの投資部門が非常に小さな部門であることについて警戒感を表明していた。すべての投資家はいわゆる「インテリジェントマネー（賢いお金の使い方）」を提供することを要求する。起業家はそれについてもっと明快な説明、例えば、どのくらいの顧客を紹介してもらえるか、ベンチャーキャピタルのネットワークにどの程度紹介してもらえるか、などを求めることを躊躇してはならない。Z社の場合、彼らは巨大な親会社に対してなんら影響力を持っていなかった。それは彼らがポートフォリオ企業への紹介もせず、また投資先をサポートするエコシステムすら持っていなかった、ということを意味する。また、状況をさらに悪くしたのは、アショクが、Z社の行いはマインドツリーにとって役に立つことよりも、彼らの私的でわがままな考え方（例えば、彼らへのボーナスなど）によって突き動かされている、と感じたことだった。

　アショクはまた、大企業の公開株投資チームであるZ社との濃厚な関

係は、その親会社の商取引専門部隊との良好な関係作りに役立つという誤った考え方を自分の中に作り上げていた。その専門部隊の会社は成功に飢えていて、経験を積んだ部隊であった。しかし、その部隊は新しく、成功をおさめる必要性に迫られていた。

　前にも述べたように、ベンチャーキャピタルが起業家と、そして起業家がベンチャーキャピタルと持つ取引経験には、不釣り合いな関係性がある。マインドツリーでアショクと彼のチームは外部の支援を得ないでベンチャーキャピタルと直接交渉を行った。ハッピエストマインドのときにはアショクは商取引契約と会社評価が行われているときにS.R.ゴパランをアドバイザーとして招致した。同様に、会社の初期段階から協力関係にあり、したがって、法的な問題だけにかかわらずビジネスの内容についてもよく理解していた、有能な弁護士であるラジーブ・カイタンも招へいして事に当たった。

ベンチャーキャピタルのマインドを理解する

　ベンチャーキャピタルに接触し交渉に入る前に、彼らの専門領域は何か、どのような産業領域にフォーカスしているのか、など、ベンチャーキャピタルのマインドを読み取ることが重要である。『ベンチャー・インテリジェンス（Venture Intelligence)』や『VCサークル（VC Circle)』などの刊行誌には比較的わかりやすい投資家のリストが掲載されている。また、それぞれの投資家のホームページを見て、これまでの投資ポートフォリオやどのような経歴の投資家が運営に当たっているか、などの情報を得ることも重要である。

　ベンチャーキャピタルは一般的に何千件もの投資依頼を受け取る。最初の段階の緻密な調査でそれを200〜300件に絞り、最終的には5件前後に絞って投資を行う。IDGインディア（IDG India）の業務担当役員のスディール・セティ（Sudhir Sethi）は2015年には2000件を超える投資申

し込みがあったという。これらのうち、37件が顧問会議にかけられ、22社が投資を受けた。つまり、わずか1％ほどの確率である。ただ、そこに希望を見出すとすれば、最初のスクリーニングさえ勝ち抜けば出資を受けられる可能性は高いということである。

　カナンのアロク・ミッタルはベンチャーキャピタルに送られてくる提案書の95％は出資を受けることができないと感じている。十分に注意深くプランニングすることが大切で、それさえできれば1〜5％の案件は出資を受けることができる。

　ベンチャーキャピタルが実施する入念なフィルタリングにかかわらず、それでもなお出資後に失敗に終わるケースが非常に多い。これまでに300社以上に出資してきた、シリコンバレーに本拠を置く大手のベンチャーキャピタルは、出資先の三分の一が完全に資金喪失に陥り、残りの半分はせいぜい出資額と同等か2倍程度のリターンを受け、残りの三分の一のうち、ごくごく少数のケースで10倍以上のリターンを得ることができたという。この計算によると、ベンチャーキャピタルはおおむね、過去7年間の平均で、出資機会を得た投資先から約4.5倍のリターンを得ることができているということになる。ビル・ドレイパーは彼のインドの基金は過去6年間で16倍のリターンを出資者にもたらしたと報告しているが、これはインドで最高額であるだけでなく世界においても比類なきパフォーマンスであったと言うことができよう。

　この内幕話は彼らベンチャーキャピタルを突き動かすものと彼らの思考プロセスを理解するのに役立つ。まず、彼らは価値創造のビジネスを行っているのであり、その意味において、究極的に彼らの最も重要な業務でもある、資金を募った出資者たちへの非常に魅力的なリターンを稼ぎ出さなければならないというプレッシャーを抱えている。彼らは提案書の洪水に見舞われているため、すぐに本題に入り、そして多くが我慢強くないという傾向がある。しかし、投資先を1社に絞るや否や、多くのベンチャーキャピタルは起業家を支援する内容の契約書を締結しよう

とする。我々が話をしたベンチャーキャピタルのほとんどすべてが、彼らを動機付ける最も重要な決断は主な指導者と残りの資金担当役員たちの質であると言っている。彼らは、ビジネスプランは市場の変化に応じて変化する傾向があり、一般的に述べられている数字はあいまいであることを知っている。

　上記のようなことはビル・ドレイパーのアショクに対するアプローチによっても裏付けられている。大雑把なビジネスプランであるにもかかわらず、アショクは前向きな回答をたった一度会っただけで勝ち得ている。なぜなら、ビルにはアショクが起業への強い信念を持っていることと、彼のそれまでの経歴が起業型ベンチャーの良い時も悪い時も耐え抜く力を持っていることを指し示していることが、よくわかったからである。

　ベンチャーキャピタルにとってもう1つの重要なポイントは、時間的な枠組みや上場、売却またはその他の計画のどれを選択するのかといった法的な枠組みを含む出口プランについてクリアにすることである。これはそのベンチャーから発生する利益を他の投資パートナーと分配するためのメカニズムである。これらのことを念頭にアショクの2つのベンチャー企業、マインドツリーとハッピエストマインドにおいて彼は、起業から7年以内に上場するということを前もって約束していた。起業当初からこれを明確に打ち出したことで、彼らはベンチャーキャピタルから、事業を売却しろだの上場を急げだの、もっと早く出口プランを実行しろだのといったプレッシャーを受けることはなかった。

どの程度の株式をベンチャーキャピタルに配分するべきか

　ベンチャーキャピタルとの交渉には2つの大きな注意すべき点がある。1つは各投資ラウンドでどの程度の割合の株式をベンチャーキャピタルに分け与えるのか、という点、そしてもう1つの側面は複雑な出資契約書において、出資を受ける側に後年安心感をもたらすような条項をよく

第3章　ベンチャーキャピタルへの優位性の確保　59

理解すること、である。

　このセクションでは、上場またはその他の出口政策の実行段階において、創業者が会社の株式をどの程度所有しているべきか、という点に関する一般的な交渉にフォーカスしてみたい。もちろん、創業者自身は上場前の投資ラウンドの時点でどの程度の株式を保有していたいか、という点について確固たる目標値を持っているべきだ。実際のデータを少し見てみよう。

表1　創業者以外の持ち株配分

会社名	創業者以外の出資者の持ち株配分
マイクロソフト	77.2%
ナラヤナ・ルダヤラヤ 　（Narayana Hrudayalaya）	66.8%
カフェ・コーヒー・デイ	63.3%
マインドツリー	42.1%
アップル	36.9%
グーグル	36.1%
フェイスブック	28.1%

　上の表にある会社はすべて、株式を保有する創業者がだいたい2人か多くて3人ほどである。マインドツリーは唯一の例外で、フェイスブック（Facebook）が創業者ただ1人なのに対して、10人ほどの創業メンバーがいた。フェイスブックの投資パートナーはたったの28％だけしか株式を保有していなかったのに対して、マーク・ザッカーバーグ（Mark Zuckerberg）は上場後も57.6％の発行済み株式を保有しており、これは会社の経営権を保持するためと思われる。主要な株式保有者とそうでない保有者たちとの境界も興味深い。マイクロソフトではビル・ゲイツが49.2％とポール・アレン（Paul Allen）を大きく上回っていたが、スティーブ・ジョブズ（Steve Jobs）はアップル（Apple）においてマイク・マー

クラ（Mike Markkula）をたった1％上回っていただけだった。アップルが時価総額でマイクロソフトを打ち負かすことができたとき、スティーブ・ジョブズはその貢献に比例した株式を保有していなかった。もう1つ注意して見てほしいことがある。上の表でアメリカに本拠を置く会社は時価総額を高めた後で1ケタ分のパーセンテージだけを売り出して、株式の保有率に大きな影響を出さずに、上場のタイミングで驚異的な資金を獲得できているのである。

アショクが驚いたのは、大起業家のK・ガネシュが、彼の起業した会社で創業者はだいたい出口プランの1段階前の時点で20％から30％の株式を保有していると述べていることだ。彼の始めたビジネスではいつも創業者は家族として列している妻を含めてたった3人しかいないので、これは彼らに大きな富をもたらしていると言うことができよう。

起業家が投資家の前で自分のビジネスプランをプレゼンするテレビのリアリティショー「シャーク・タンク（Shark Tank）」で、投資家たちが見せる態度は興味深く、しかし往々にして誇張されている。例えば投資家たちは少しの違いを指摘して、即座に出資を断る。彼らはまた、価値評価を低くするために何らかの点をばらばらに打ち砕いて、素早く起業家のプレゼンにおける弱点を指摘する。一方で評価できるのは、プレゼンに、3年から5年の間のROI予測を提示するなど明らかに他の事業と差別化した起業家の見解を見出すや、いち早く投資額のビッドを始める点である。しかしながら実際の投資判断の現場では、これまで見てきたように、創業者チームの人物の質に、より多くの検討が割かれる。

アショクの経験でもう1つの重要なポイントは、ベンチャーキャピタルは往々にして、他のベンチャーキャピタルもう1社とペアを組んで投資先を決定する、という点である。イニシアチブをとるベンチャーキャピタルが定型的に20％から25％の持ち株率を求めるのに対して、従たる立場のベンチャーキャピタルは10％から15％の配分を求める。適切な交渉を経れば、創業者は最初の投資ラウンドでは投資家側への株式配分を

第3章　ベンチャーキャピタルへの優位性の確保　61

全体の25％から30％の範囲にとどめ置くことができる。もちろん、あな
たはそれをもっと小さく丸めたり、もっと少ない配分に抑えることもで
きるが、それだといたずらに投資ラウンドの回数を増やしたり、事業を
発展させることより資金調達に時間を割かれるようなことになりかねな
い。もし創業者たちも事業に出資することを考えているのであれば、当
然それは評価額が最も低い最初のラウンドに行われるべきであり、それ
によって少ないドルなりルピーなりの資金でより多くの持ち株配分を得
ることができる。特大の財布を持つベンチャーキャピタルは彼らがそう
望むのであれば、引き続きすべての投資ラウンドで潤沢な資金を駆使し
て資本注入を行い、持ち株比率を維持することができる。一方、創業者
たちは投資ラウンドを重ねるごとに持ち株比率を下げていくことになる
ので、各段階でできるだけ少なく株式を発行してより多くの資本を調達
することが重要である。

　時間のかかる交渉の試練は、この段階においても当然創業者の身に降
りかかる。ゴパランはベンチャーキャピタルとの交渉には以下の点に特
に留意して交渉するべきだ、と説く。

● 自分自身の利益に反する交渉をしないこと。投資家はしばしば、「あな
　たの期待値は高すぎる」などと、自らの考えを伏せたまま、創業者に
　会社の時価総額を見直すように言う。これは創業者に時価総額の目標
　金額を下げさせる、彼らの常套句である。そのようなことを言われた
　ら、あなたの想定する数字を下げることなく、ベンチャーキャピタル
　がいくらと見積もっているのか尋ねてみるとよい。
● あまり多くの強調点に言及しないこと。大抵の場合、創業者は2つか3
　つほどの強調したいポイントを持っている。これに加えて、もし、あ
　まりに多くの強調点を交渉テーブルにあげてしまうと、弱い側面を攻
　撃され、交渉は思うように運ばなくなってしまう。
● 投資家の見方を理解せずに強気の態度に出ないこと。

●あまり類似しているとは言えない、他社の例を提示しないこと。

●アーンアウト条項に注意すること。もしベンチャーキャピタルが主張
　する会社の総資産額とあなたの想定金額に大きな開きがある場合、投
　資家は創業者に対して、ビジネスで一定のマイルストーンを達成した
　ら追加で株式配分を増やす、などといった、アーンアウト条項を提示す
　ることがある。大抵のビジネスプランは一般的にかなり楽観的なもの
　であるので、結果的に創業者の持ち株比率を下げるためにベンチャー
　キャピタルがしばしば用いる手法であることが多い。

●交渉はできるだけ早くまとめること。最終的に出資を得るには、決定
　的な、かつ双方が合意する出資契約書が相互にサインされるまで待た
　なければならない。出資交渉が行われている期間、市場のトレンドに
　変化が生じると、ベンチャーキャピタルは往々にして総資産額の評価
　を下げようとしたり、何らかの追加条項を織り込んで創業者の持ち株
　配分を減らそうと試みる。しかし、市場が急成長を始めても、誰も総
　資産額の評価を上げたりはしないものだ。

　ハッピエストマインドにおいてアショクは、外的要因が交渉にインパ
クトを与える前に迅速に交渉をまとめなければならない状況におかれた
ことがある。カナンとの覚書がまとまり、正式な出資契約書の締結に向
けて協議を重ねているときだった。アショクはニューデリーのハイアッ
トホテルのビジネスセンターでアロクとの交渉を重ねていた。すると突
然、EUから最初の危機の一報が入った。続いてインドの証券取引所では
1時間で500ポイントも値を下げた。議論の場の空気はすぐに変わった。
アロク（非常に公正な人物）は基本的な条件を変更したくないと述べつ
つも、特定の収益マイルストーンが満たされなかった場合、アショクは
第1ラウンドの第2発行分に投資することを許可されず、それらは外部投
資家のラウンドに転換され、結果的にそれはアショクの保有比率を効果
的に低下させ、投資家の保有比率を増加させる、といった新条件を追加

第3章　ベンチャーキャピタルへの優位性の確保　│　63

してきた。この状況は、ベンチャーキャピタルと起業家間の交渉の非対
称的な関係を典型的に示すものだ。このような取引に関するベンチャー
キャピタルの豊かな経験は、彼らが難解な条項を示唆したり、交渉に新
しい次元をもたらすのに役立つ。この場合、アショクはアロクの提案を
受け入れ、その後必要なマイルストーンが達成され、外部投資家のみの
ラウンドは回避された。終わりよければすべて良し、である。

株主契約

　投資協定を保護するためにと言って、ベンチャーキャピタルはしばし
ば、起業家に不利になりえるような投資協定のいくつかの条項に固執す
る。これらのことについて少し考えてみよう。
　ベンチャーキャピタル作成によるすべての投資契約には一連の拒否条
項が含まれる。これは、投資家の承認がなければ、特定の措置が取られ
ないことを意味する。拒否条項を慎重に吟味することが重要だ。これら
の条項の多くは合理的なものが多い。例えば、会社が新しい事業に参入
するのをやめさせたり、特定の金額を超えて融資を利用したり、事業を
売却したりすることができない、といった条項である。これらの拒否権
を、投資家は26％の持ち分なくても行使することができる。一方、ここ
に、以下のような特定の条項を含めることは認められてはならない。例
えば、ベンチャーキャピタルがCEOを任命したり、あるいはCEOを解
任する権利を欲している場合、これは起業家にとってはウォークアウェ
イ（撤退）条項でなければならない。CEOになることを望んでいない、
あるいは外部のCEOが欲しいと思ったら連れてくることもできるが、そ
の決定権は起業家になければならない。
　ベンチャーキャピタルが主張する別の重要な条項とは残余財産分配優
先権で、しばしば投資への参加権と併用している。残余財産分配優先権
というのは、撤退の場合、投資家は最初に彼らのお金を回収するという

ことを意味する。投資家はESOP／スウェット株価よりはるかに高い評価をしているため、残余財産分配優先権は標準的な慣行であり、不公正ではない。しかし、投資参加権に関しては、これらがどのように並行して機能するかを理解することが重要である。投資参加権は、会社への投資に対して残余財産分配優先権を有することに加えて、会社の株式保有率に比例して残っている資金も取得しえることを意味する。事実上、彼らは2倍以上、時にはもっと、資金回収することができる権利を持つようになる。これはすでに標準的な商慣習になっているので、起業家がそれを避けるのは難しいかもしれない。しかし、投資参加権を投資額に限定するよう要請することが重要だ。これは、ワンタイム参加権と呼ばれ、ベンチャーキャピタルが回収できる金額を投資額の2倍以内に制限するものである。

　例えば、500万ドルの評価額で100万ドルの投資を受ける企業について考えてみる。理論的に言って、ベンチャーキャピタルは20％の株式を保有していることになる。もしその投資家がなんら制限なく投資に参加し、その会社が1800万ドルで売却された場合、かの投資家は以下の金額を得ることになる。

・初期投資額：100万ドル
・残りの1700万ドルの20％、または340万ドル

　したがってベンチャーキャピタルは売却手数料から440万ドルを得るが、その金額は20％の保有株式によって受け取ることができたであろう360万ドルを大きく上回る。投資参加権の上限を「1.x倍」に制限することにより、ベンチャーキャピタルが合計で獲得できる金額は、もし清算を優先する考えを採用すれば、投資額の2倍に制限することができるようになる。したがって、事業がうまくいき、株式を売却できるような機会がある場合、ベンチャーキャピタルは、もし残余財産分配優先権と投

第3章　ベンチャーキャピタルへの優位性の確保　| 65

資参加権が合わせて行使された場合、より高い投資効果を得るため、優先権付の保有株式を普通株式に転換するインセンティブを与えられる。

　上記の例のように、投資参加額が最大で1倍に制限されている場合にベンチャーキャピタルがどれくらいのリターンを得られるか評価してみよう。

状況1：1x残余財産分配優先権＋1x投資参加権：ベンチャーキャピタル
　　　　は200万ドルを回収する
状況2：コンバージョン：ベンチャーキャピタルは1800万ドルの20％、すなわち360万ドルを獲得し、起業家は元の評価額への理解とウィン・ウィン（win-win）のシナリオに沿った出口評価の80％を得ることができる

　警戒すべきもう1つの条項は希釈化防止条項である。そのような条項が投資協定に存在する場合、以前の評価額よりも低い評価での将来の資金調達においては、初期の投資家が追加の株式によって補償されることを意味する。それらの補償の算出方法は、フルラチェット方式または加重平均方式のいずれかであろう。加重平均方式は現在、国際投資協定に適用されており、ベンチャーキャピタルおよび起業家双方にとって公平なものである。フルラチェット方式はベンチャーキャピタルに有利に紐付けられているものと言える。しかるに起業家は、加重平均方式を主張する必要がある。
　ベンチャーキャピタルとの契約に見られる他の条項で注視すべきものは、一定期間にわたってベンチャーキャピタルが適切な形で撤退できない場合に、ベンチャーキャピタルの関与を一方的に終了する権利に関連するものである。これは、「ドラッグ・アロング権」と呼ばれる条項を介して行われる。つまり、ベンチャーキャピタルが撤退したい場合は、特

定の期間、例えば7年間の投資の後に撤退可能とし、同様に起業家にも同じ代償で退職を依頼する権利があるというものである。このようにしておくと、会社売却の際に新しい買い手は会社の100％支配権を即座に得ることができる。同様に、起業家が買い手を見つけて株式を売却することを希望する場合、ベンチャーキャピタルは起業家が得たのと同じ価格で買い手に比例した保有株を売る権利を有している、ということを意味する「タグ・アロング権」の概念がある（これは、ベンチャーキャピタルが事前に販売に同意したことを条件としている）。したがって、そのプロモーターである起業家は、自分で撤退することはできない。

通常、起業家はベンチャーキャピタルの承認なしに株式を売却することはできない。しかし、ベンチャーキャピタルの承認がなくても、個人的なニーズを満たすために、株式のわずかな一部を自由に売る権利について交渉することはできる。

本章ですでに、創業者に株式を追加発行するためのアーンアウト条項の可能性について記述した。そのような条項がある場合は、課税の観点から検討して、不必要な税負担を生み出さないようにすることが最善である。1つの考え方として、積立金を前払いで割り当てることができるが、積立金の目標が満たされない場合はESOPプールに入れることを条件に、エスクロー口座に保管するのがよいかもしれない。

ベンチャーキャピタルが企業価値の再評価を迫るために伏兵として用意している、いくつかの未定義シナリオがある。例えば、マインドツリーでは、株価連動型取引（9.11直後）を交渉したときに、顧客が最低基準を上回る注文を行ったときに彼らに会社のわずかなパーセンテージを取得するオプションを持たせた。ベンチャーキャピタルのZ社はエクイティ・リンク契約の構造が新たな評価を必要としないにもかかわらず再評価を要求してきた。Z社との出資契約ではこれについて記載がなく、Z社は、再評価が行われるまで、エクイティ・リンク契約への同意を拒否した。ことさら腹立たしく、非倫理的であると思えたのは、Z社が、彼らのリミ

第3章　ベンチャーキャピタルへの優位性の確保　| 67

テッドパートナーに、そのような合意は公式にも非公式にも一度もなく暗黙のうちに顧客と合意されたと通告したことを偶然アショクらが知ったときのことだった。この経験に基づき、ハッピエストマインドの株主契約には、株式希釈化の最大5％を伴う株式連動取引を行う許可を経営陣がベンチャーキャピタルに求める必要はないという条項が含まれている。したがって、これを含むことはあまり難しいことではない、とも言える。

　ベンチャーキャピタルが創業者の目標達成能力を確信していない場合、ベンチャーキャピタルはマイルストーンごとに資金調達を行うことを主張する設定をすることがある。これは良い考えではないが、やむを得ない。そのような場合は、マイルストーンが合理的であること、マイルストーンに到達するために各ラウンドで十分な資金があることを確認する必要がある。マイルストーンにリンクされていない、時間にリンクされたさらなるラウンドでベンチャーキャピタルからコミットメントを得ることは価値があるかもしれない。時間軸による資金調達は、ベンチャーキャピタルからの資金がブロックされたりせず、また、経営陣も潤沢な資金の上で胡坐をかくことなく調達することが可能となる。ベンチャーキャピタルは、通常、次のラウンドのためのトップアップ条項を準備している。

　複数の投資家がいる場合、同じ契約のもとでは、すべての投資は同じ条件になる。例外は、投資家の1人が政府資金の一定の規則に縛られている場合で、政府が定義した条件がベンチャーキャピタルの条件と比較して一般的に簡便であるため許容されることが多い。

　ベンチャーキャピタルによる紛争の可能性は排除することができないので、会社が登録されている管轄区域にある仲裁条項を持つことも重要である。多くの場合、紛争は、会社の業績が悪化して、投資家が不安になることで発生する。その場合、投資家は事業の転売先を見つけてくることもある。投資家が清算および投資参加条項を完全に実施することを

主張する場合、起業家には何も残されない可能性がある。そのような状況下では、ほとんどのベンチャーキャピタルは、起業家に対しても公平な負担となるように、起業家が会社所有権のスムーズな移転に寄与しなければならないという事実を突きつけるのである。

アントレプレナーとベンチャーキャピタルの関係

　ベンチャー企業の経営過程で、起業家は多くのパートナーシップやその他の関係を構築する。しかし、投資家やベンチャーキャピタルとの関係ほど重要なものはほかにない。

　投資家との関係が悪化するケースがいくつかあり、そのような場合には、しばしば起業家が敗北することが多い。世界中で数百万ドル相当の訴訟が発生している。

　ステファン・M・ダビドフ（Stephen M. Davidoff）（インターナショナル・ヘラルド・トリビューン：International Herald Tribune、2013年5月2日付）の「創業者と一緒に売却された新興企業」という記事で、ダビドフは企業が売却されたときに、多くの起業家が悪影響を受けると書いている。記事は、不正行為監視ソフトウェアを開発したブラッドハウンド・テクノロジーズ（Bloodhound Technologies）社の事例を通して、この状況を説明している。同社は、1999年と2000年に2回の資金調達で500万ドルを調達した。ドットコムバブルが崩壊したとき、同社は乱気流に遭遇した。投資家たちは創業者を解雇し、彼らの意を汲んだ新しい経営陣を選出して会社を再建した。数年後、投資家たちは8250万ドルで会社を売却することができ、新しい経営陣には1500万ドルのボーナスが支払われ、当初からの出資者は3万6000ドルを受け取った。

　もっと悲惨なのは、1984年にシスコ（Cisco）を共同設立し、同社の30％でとなる260万ドルを調達したサンディ・レーナー（Sandy Lerner）とレオナード・ボザック（Leonard Bosack）の話である。彼らは4年の権

利確定期間に同意し、その期間中に創業者の株式の90％を取得することになった。しかし、株式が確定する前に、レーナーは解雇され、ボザックはすぐ後に辞職し、後に得られるはずだった何十億もの株式は霧散した。

　これはまさに創業者が避けるべき最悪の事態であり、投資家の利益を保護する条項の境界条件に細心の注意を払うことを強くお勧めする。創業者は、権利を定義するいくつかの条項を主張することも可能だ。

　起業家とベンチャーキャピタルの間の上記の紛争の場合があるにもかかわらず、双方の圧倒的多数がウィン・ウィンのパートナーシップになると我々は信じている。創業者は、組みたいベンチャーキャピタルの前歴チェック（他の起業家との）などの合理的な注意作業を行い、株主協定の注意深い精査を行ったなら、信用と信頼の精神に基づいて関係構築を行うのがベストである。

　この関係のいま1つの重要な側面は、ベンチャーキャピタルの関与度だ。関与と干渉の間は紙一重である。また、ある起業家に受け入れられた条件でも、別の起業家には受け入れられないかもしれない。例えば、ハッピエストマインドでは、ベンチャーキャピタルの1社が電話会議での月例会議を提案してきた。アショクらは、投資家とは四半期ごとに詳しい役員会議を実施しているので、彼は丁重に、そのような対話はCEOと投資家との間で行うべきだと断った。しかし一方で、起業家の中には、こうした取り決めに満足して、ベンチャーキャピタルとの週1回の交流を歓迎している経営陣もいる。

　アショクが持っていた6社のベンチャーキャピタルとの関係はすべて、非常にポジティブなものだった。アショクがマインドツリーでは選択を誤ったと感じていたZ社のケースにおいても、1件の重大な事案はあったものの、関係自体はとても心のこもったものであった。アショクの見解では、不和の原因は、ベンチャーキャピタルの投資が期待よりも沈みこむときであるということである。幸せな関係を確実にする最良の方法は、長い道のりを歩むうちには厄介なことに足を取られたりすることを素直

に認め、コミットした約束は必ず守ることである。

　K・ガネシュは15社のベンチャーキャピタルと関係を持ち、すべてが非常にポジティブなものだったという。彼は、その秘訣は正直さ、透明性、常にコミュニケーションをとることにあると信じている。

　この課題について最後の助言。情報に一喜一憂しないこと。なるべく早く黒字化し、ベンチャーキャピタルをいろいろな問題の解決策を探るためのパートナーにしよう。

要点

● ベンチャーキャピタルが受け取る提案書のほんの一部（1～5％）だけが出資を受け取る。自分のプロジェクトが出資を受ける1社になることを確実なものにするためには準備を怠ってはならない。

● すべての第一歩は、ベンチャーキャピタルのマインド、動機と行動を起こさせる引き金を理解することである。膨大なフィルタリングプロセスにもかかわらず、ベンチャーキャピタルは依然として投資したプロジェクトの三分の一を失敗し、残りの三分の一はわずかな利益しか得ていない。ベンチャーキャピタルの3つの主要な選択基準は、アイデア、市場、そして経営陣である。とりわけ、ベンチャーキャピタルは創業者とそのチームに大きな賭けをしている。ベンチャーキャピタルはまた、創業者がいつ、どのようにして事業を成功させるのかについての前向きな見解も必要としている。

● ベンチャーキャピタルについては十分なリサーチが必要である。他のポートフォリオ企業と会い、困難な時期にどれだけのサポートを提供したか、その行動を研究すること。彼らの資金は本当に「インテリジェント」なお金なのか？　最初のオファーは受け入れるな。

● 起業家精神とは、すべて投資家と起業家の間のパートナーシップによる価値創造のプロセスである。したがって、報酬は適切な分担を得ることが重要だ。多くの起業家は、株式をあまりにも多く投資家に分け

第3章　ベンチャーキャピタルへの優位性の確保　｜　71

与えることによって、自己所有比率が大きく下がってしまったことに後で気付く。創設者は、IPO 前の段階で少なくとも 40％の資本を維持するという目標を持つべきである。創業者が高い報酬を得て自分への投資家になれば、40％を上回るのは難しくない。

●外部の投資家を引き込むプロセスは、所有権の一部を分けるだけでなく、経営権の一部を与えることにもなる。株主間契約は、主に投資家の利益を守るために設計された複雑な文書であり、拒否権を行使可能な分野の条項も含まれている。ベンチャーキャピタルと起業家関係は非対称。なぜなら、あなたが一生のうちでわずかで限られた経験のすべてをぶつけてみたところで、ベンチャーキャピタルには何百人もの起業家と交渉して対処してきた経験値があるのだ。したがって、これらの交渉を通してあなたを助ける助言者をえるのがいいだろう。

●株主間の合意には、残余財産分配優先権や投資参加権のような条項が必然的に存在することは避けられない。これは一見大丈夫なように見えるが、落とし穴は詳細部分にあり、起業家の利益を守るために重要なのはこれらの条項の境界条件である。

●起業家であるあなたは、到底受け入れられない条項についても明確に前もって明確に協議すべきである。例えば、CEO を任命または解任する権利は、ベンチャーキャピタルに与えてはならない。また、起業家が約束された期間内に退職することができず、IPO が実現可能でない限り、ベンチャーキャピタルは会社の売却を強制する権利を持つべきではない。

●時としてベンチャーキャピタルは、条件が満たされない場合、アーンアウト条項や投資家のみのラウンドのような「エキゾチック」または通常あまり見られない条項を示唆することがある。そのような条項の意外な結果（税務上の問題や所有権への影響など）をよく考えること。

●起業家は、選択する自由に関するあいまいさを取り除く、特別な条項を滅多に求めない。かかる条項には、顧客とエクイティ・リンク契約

を締結する権利（例えば、株式希釈化の5％を上限）を含めることができる。買収は通常、ベンチャーキャピタルに拒否権がある条項だが、CEOは小規模な戦略的買収を自由に決定できるように要求することが可能。

●ベンチャーキャピタルとの関係は、起業家の一連の作業の中で最も重要なものである。自身の利益を守りながら、肯定的なアプローチでそれに取り組み、ベンチャーキャピタルとの関係を成功させよう。

第4章　ミッション、ビジョン、価値観、そして文化

「どんな戦略でも文化を変えることはできない。」

ピーター・ドラッカー

　文化の重要性に関するピーター・ドラッカー（Peter Drucker）の見識に同意する。共有されたビジョンは、企業内の活動を調整するのに役立つ。すべてのビジネス戦略の差別化要因には有効期限があり、あなたの会社の文化は最も重要で長期にわたる差別化要因になる。我々はまた、強力に内部化された使命、ビジョン、および価値観（総称してMVV）が、活気に満ちた積極的かつ協力的な文化の発展にとって最も重要な前提条件であると考えている。

　MVVステートメントのセットを明確にすることは、スタートアップのCEOにとって最優先事項であるとは考えにくい。チームは24時間体制で市場に出て顧客を獲得するために、例えば事業のライフラインである、必要な製品とサービスを定義して開発する必要がある。しかし、使命、ビジョンと価値観は、企業の存在理由と創造しようとしている会社のキャラクターを総称して定義する基本的なものである。ビジネスモデルを戦略的な考慮によって根本的に変えなければならない場合は、ミッションステートメントを変更する必要があるかもしれないが、原則としてミッションと価値は会社の存命期間を延ばすのに役立つ。我々は、社内に浸透したMVVとそれを語り回るシニアリーダーの重要性を強調する。そうでなければ、これらの取り組みは無意味となってしまう。残念ながら、企業の使命、ビジョン、価値観を定義している多くの指導者は、これらを内在化するための措置を講じておらず、結果は紙にしか残って

ない。

アショクは、ある多国籍企業（MNC）の大規模なインド開発センターで年次演説した日のことを今も覚えている。題目は「オフショア開発センターとして最高のものになる」だった。彼の助言を伝える前に、アショクは聴衆にいくつかの質問することから始めた。彼の最初の質問はこうだった。「あなたの会社のミッションステートメントを覚えている人はどのくらいいますか？」そして次の質問は「あなたの会社の価値観を覚えていますか？」まったく手が上がらなかったが、アショクは驚かなかった。彼は演説の直前にMVVに目を通していた。それは長い文章で構成されており、それらは遠くの国のものであり、彼が前にする聴衆には向いていないことは明らかだった。しかも、これらのステートメントを、その会社が構築したい文化の方向性を示すような、生き生きとした、活力に満ちた、魅力的でインスピレーション的なものに変えるプログラムはないようだった。代わりに、広報部の誰かが言葉じりを表面的にうまく整えたような感じだった。

この章では、アショクがマインドツリーでMVVをどのように進化させたか、そしてアショクがハッピエストマインドで最初のラウンドを成功させるためにその学びをどのように利用したかということについてまず触れたい。以下、彼の言葉を引用する――。

> マインドツリーの共同創業者たちには、米国のケンブリッジ・テクノロジー・パートナーズ（Cambridge Technology Partners：CTP）の創業者であるスブロト・バグチ（Subroto Bagchi）がいます。彼らはCTPから同僚の一部を勧誘したので、マインドツリーの米国オフィスの主要メンバーはすべて元CTPになりました。このチームは強力なコンサルティング能力を持ち、おかげでマインドツリーは大規模なインドのIT企業だけではなくサイエント、ヴィアント、CTPなどの米国の主要システムインテグレーターとも対等に競合

第4章　ミッション、ビジョン、価値観、そして文化 | 75

することができました（少なくともドットコムブームが続く間は）。

　しかし、米国のチームは連帯して、私たちがインドから送り込むほとんどすべての人材を拒絶しました。「なんだって○○さんをアメリカに送ってくるんだ？」。彼らはコンサルティングスキルこそ多少不足していましたが、とても優秀な人たちで、ケンブリッジの人々がいままで見たこともない新しい能力をもたらしました。私たちの事業の一翼を率いる、米国在住の共同設立者を米国の拠点の上級マネジメントにすえることを彼らが満場一致で拒否したとき、状況は危険な方向に動き始めていました。確かにこの特定の人物は、CTPチームの、充実し、磨かれ、そしてなめらかな調和を備えていなかったのは事実です。しかし、彼らが本当に喜ばなかったのは、この指導者が持っていた他の多くの強みでした。最終的に、私はこの指導者を受け入れさせることができました。私がこれを実行するために行った術策とアプローチはまた別の話ですが。ここでのポイントは、文化的な違いが多くの摩擦につながっていることと、統合チームではなく、米国チームとインドチームに分かれてしまっていたことです。また、私たちは、アメリカのチーム側からのエンパワーメント、権限、代表団に対する期待の点で多くの違いを見出しましたが、投資における多くの提案が十分な深さと事前の準備なしに行われたと感じました。

　さらに事態を悪化させたのは、ドットコム市場が減速し始めていて、いくつかの非難の転嫁が始まっていたことです。そんな中、私は、ニューヨークのフォーダム・カレッジ（Fordham College）でマーケティングを教えるユッカ・ライタマキ（Jukka Laitamaki）をトレーニングプログラムのためにインドに招待しました。そのセッションの1つで、私はユッカに、組織をいくつもの方向に枝分かれさせてしまった文化的な違いをどのように乗り切ったらい

76 │ 第4章　ミッション、ビジョン、価値観、そして文化

いかと尋ねました。ユッカの返事は目からウロコでした。「文化は管理すべきものではなく、進化するものと考えなければなりません。また、文化的な違いは問題としてとらえるのではなく、新しいアイデアやさまざまな新しい方法の源泉として賞賛されるべきものです。重要なことは、組織を団結させて前に進ませるために、人々が同じ価値観を持つように位置付けられることです」。

そして彼は私にこう聞いてきました。

「マインドツリーの価値観とはなんですか？」

当時、私たちはまだ若い会社で、会社のミドルからシニアのマネジメント全員がその部屋にいました。私はユッカの質問に対する答えを誰かしてみないかと聞いてみました。しかし、誰も手を上げませんでした。最終的に、元々それらをしたためていたスブロトが教壇に上ってそれらを黒板に書きました。

企業の価値観とは何であるか、誰も手がかりを持っていなければ、私たちはそれらを内在化させるプロセスを始めることさえできないことは明らかでした。数日のうちに、私たちの価値を再定義するために、世界中に500人いるマインドツリーの全社員による参加型プロセスを開始しました。私たちは世界中で小グループによるディスカッションを行いました。私が個人的に発行していたコミュニケーション用ニュースレター「スナップショット」を通して、マインドツリーの目指しているものについて、そして社員たちが何を目指したいと思っているのかに関する記事を投稿するよう呼びかけました。社員からのレスポンスが上がるにつれて、後にCLASS値（Caring、Learning、Achieving、Sharing、Social Responsibility）と呼ばれる価値が見えてきました。会社内部に深く浸透させるために、私は個人的な時間を割いて、CLASS値モデルを始めてから90日以内に、かなりインタラクティブなセッショ

第4章　ミッション、ビジョン、価値観、そして文化 ｜ 77

ンですべての新しい参加者に対応しました。これに、スブロトによって作り出された統一の失敗に関するすばらしい小冊子が補足されました。私はCLASS値にはとても入れ込んでいて、私がその作業から卒業した後にマインドツリーが変更したと聞いてとても驚きました。たぶん、値が私に過度に関連していたからでしょうか？　もちろん、新しい価値が社員みんなにうまく貢献してくれていると期待しています。

ハッピエストマインドのMVV

　ハッピエストマインドのミッション、ビジョン、価値観は会社の名前と共に、幸福を中心にまとめられている。

ミッション：最高に幸せな人々、最高に幸せなお客様

価値：共有 (sharing)、心のこもった (Mindful)、誠実さ (Integrity)、学び (Learning)、エクセレンス (Excellence)、社会的責任 (Social Responsibility) (適切な略語SMILESに込められる価値である)

5か年ビジョン：
・お互いに、そして顧客と社会のために幸福のエバンジェリストになる
・2020年度に非常に成功したIPOを達成する
・最高水準のコーポレートガバナンスを有する会社として知られる
・技術とソリューションの分野で思想的リーダーシップを発揮していると認められる
・社会的責任イニシアチブのリーダーとなる

78 ｜ 第4章　ミッション、ビジョン、価値観、そして文化

各ビジョンは、測定可能なクライテリアによって構成される。

　幸福が贈り物の中で最も価値が高いことはさまざまな研究が示しており、企業の社会的責任に多くのフォーカスが集まっている。我々は、収益性の高い第1四半期や売上高5000万ドルを達成するなどのランドマークを「スマイルストーン」と呼ぶ。そしてチームメンバーや顧客の冠名で、貧しい学生のためのミッド・デイ・ミール・プログラムを贈呈することによって、あらゆるスマイルストーンを記念している。我々はこのプログラムでIPOのときまでに100万の食事を提供するという目標を設定しており、この本の執筆時点で、すでに69万の食事を超えている。ハッピエストマインドのロゴでさえ、存在、所属、そして、最も幸せな人（Happiest Person）になることのシンボルである。

　ハッピエストマインドの価値観には、他の企業のバリューステートメントでは見つけにくい、「mindful、注意深い」という言葉が含まれている。我々は、幸福のブランドポジショニングを論理的に拡張していることを念頭におくIT企業として、ロゴにタグラインを追加したことを常に心に留めている。
　前述したすべての価値は、多くの通信プラットフォームによって支えら

れている。このプラットフォームには、上級管理部長のラジャ・シャンム
ガム、CEOであり最高業務責任者であるサシ・クマール（Sashi Kumar）
とアショクが密接に対応している。幸福のテーマを強化するために我々
は、当然アショクを含む全員からの360度フィードバックなど、数多く
の作業プロセスやセレモニーを開発している。

　我々はMVVがチームに大きな誇りをもたらし、ハッピエストマインド
の文化創造に大きく貢献したと信じている。代表団や顧客を訪問するこ
とは、根本的に異なるアプローチとして見るものに大きな関心を持たせ
ている。実際、自分たちを「マインドフルなIT企業」と表現するという
アイデアは、カナダ情報技術協会（Information Technology Association
of Canada）のリンダ・レナード（Lynda Leonard）が考えついたものだ。
アショクが取り組んでいたトロントでのIT系業界会議で、彼女は彼を
「思いやりのあるIT企業」の会長として紹介した。

働き甲斐のある職場

　偉大な企業文化を創造するのに大切なものは、意識的に働けるすばら
しい職場を作ろうとするマインドである。アショクにとってベストなフ
レームワークは、50か国で活動する Great Places to Work（GPTW）協会
が開発したGPTW評価（働き甲斐のある職場であるかの指数）だ。この
グローバル組織は毎年7000社の企業と200万人の従業員を調査している。
ちなみに、インドGPTWの責任者であるプラセンジット・バッタチャリ
ヤ（Prasenjit Bhattacharya）は、起業家のように、偉大な職場の創造を
可能にするための情熱を持ち、生き生きと夢を語る人物である。

　調査には2つの主要な要素がある。1つは「従業員の経験と言動」を確
認するトラスト・インデックス、もう1つは「マネージャーが何を言い、
行動しているのか」を評価して企業文化を監査するものである。

トラスト・インデックスは、以下の5つの主要な領域に分類される。

・信用性
・尊重度
・公平性
・誇り
・友情

　加えて、ここではランダムに選ばれた従業員に対して、「働きがいのある職場」についてどう考えるか、という最も重要な質問が実施される。
　一方、企業文化の監査は以下の9つの領域で評価を受ける。

・採用と歓迎プログラム
・インスピレーション
・会話
・聴取、コラボレーション、苦情対応
・感謝
・開発
・ケア（バランス、サポート、共有）
・祝賀
・シェア（報酬と貢献）

　ハッピエストマインドを創業したとき、プラセンジットはアショクに、この名前を社名に選んだことによって大きなチャレンジに挑まなければならなくなったと言った。それは、絶対的な数字で測定されたものではあるが、より期待値を高め、「働き甲斐のある職場」として見られることについてのハードルを上げるだろうと言ったのだ。彼は正しかった。最初の頃、発表が従業員を喜ばせる内容でなかった場合、「これは問題だ」と

第4章　ミッション、ビジョン、価値観、そして文化 ｜ 81

いう大ブーイングを得ることになっていただろう。我々は、会社の名前とミッションステートメントの最初の部分である「幸せな人々（Happiest People）」が、常にすべての従業員を幸せにすることを意味するわけではないということを伝えて、従業員の期待をリセットした。幸福は個人が選択するものであり、我々は従業員の幸福のために触媒的な役割を果たすことを期待されていた。一方、ミッションステートメントの2つめである「最高に幸せなお客様」は、私たち全員からの約束であった。

上記のメッセージが届くと、GPTW評価とGlassdoor評価の両方が健全な上昇を示した。特にGlassdoor評価における上昇は、当時インド最大のITサービス企業を含む比較グループを上回っていることがわかった。3期目には、我々はGPTW評価の上位5位の新興企業に選ばれた。翌年には、プラセンジットによると、たった1年で「働き甲斐のある職場」として評価をさらに6ポイント引き上げることができた。

あなたの会社がGPTWリストでランクされている企業ではない場合でも、GPTWに参加してフィードバックを得ることで、企業文化監査の文書を準備する際に自社の文化を評価することは大きな意味がある。

優れた企業文化を作り上げることへの挑戦

優れた文化は、適当な値を入力して適当にプロセスをインストールすればできるような機械的な出力ではない。あなたの会社で進化する文化は、あなたが創造しようとしていた文化とはまったく違う可能性すらある。まず、さまざまなバックグラウンドにより、独自の経験とリーダーシップスタイルを持つ人々が新たに転職してくる。ビジネスユニットの間で違うサブカルチャーが発展することはまずない。これらのサブカルチャーがすべて「母」文化と呼ばれるもの、つまり会社全体の文化に合致する限り、これ自体は問題ない。文化はまた、外部要因で刻々と変化する。会社の勢いが急激に落ち込んだりするのは、会社の文化に対する

ストレステストのようなものである。あるものは弾力性を示し、また他のものは機能不全に陥り、崩壊してしまう。すべての文化は、ある時間軸またはどこかで、毒性を持った要因に変わることがある。このような状況に対する最善の対処は、まず問題を認知し、それに素早く対応することである。あなたがそれらの問題を否定していたり、他の方法を考えたり、ぐつぐつ煮ていたりしているのであれば、何も解決しない。

　決まり文句だが、幹部社員は「有言実行」を旨とし、企業が進化させたいと思う価値観や文化の役割モデルでなければならない。例えば、高いコミットメントとアカウンタビリティで協力し合う文化を育成したいと考えてみよう。非常に競争力のある、野心的な幹部社員のグループをリクルートして連れてくる際に、彼らのごく自然な傾向としては自分の帝国を発展させるか、自分の芝生を保護することに専念することが多い。協力することは個人的な優先事項ではない。したがって、企業は社内のコラボレーションを促進するための仕組みとプログラムを設定する必要がある。企業の報酬および表彰規定は、企業価値を強くすることを目指すように調整しなければならない。目標設定の面では、企業レベル向上の目標を定義し、各従業員個々の目標に波及させることが重要である。

　幸福伝道師（Happiness Evangelist）のシャロン・アンドリュー（Sharon Andrew）の支持を受けたラジャ・シャンムガムはハッピエストマインドの文化育成に大きく貢献しており、ポジティブな文化を発展させるために以下の点を推奨している。

・ミッション、ビジョン、価値観は早期に定義する。共有されたビジョンのコミュニティを構築する：従業員は異なる性格や個人的なアジェンダを持つこともあるが、それらが組織のビジョンと一致する場合に限り、相乗効果を生み出すことができる。
・組織がどのような文化を育むことを望んでいるのかを早めに予測する。
・リーダーシップによる役割モデルを通じて企業価値を強化する。

第4章　ミッション、ビジョン、価値観、そして文化 ｜ 83

・「奨励されているもの」と「容認されないもの」を明確にし、これらに
　関するポリシーを厳しくする。
・早い段階で基本政策を立ち上げる。ポリシー、評価システム、報酬と
　表彰、報酬と諸手当、知財管理、リーダーシップと開発、情報システ
　ム：これらは、可能な限り早く円滑に整備されなければならない。こ
　れにより会社組織は外部のもっと重要な課題の解決に専念できる。こ
　れらがないと組織はかなり混乱する。
・人の心に配慮したインフラストラクチャを構築する：これは、リーダー
　シップレベルの信頼と対人関係の構築、業務レベルでの従業員のコミッ
　トメント確保にかなり役立つ。
・企業組織のゴールに社会とのつながりを持つこと：より崇高な目的を
　持つことでより効果的にモチベーションを高め、すばらしい調整ツー
　ルを手に入れることができる。
・挑戦的な目標を設定する：業務に従事する社員は、山に乗る前に登山
　する価値があるということに満足する必要がある。

　上記のラジャ・シャンムガムのアプローチにより、ハッピエストマイ
ンドは2016年のGPTW文化審査の最上位となり、7つのプラクティスは
「最優秀文化」に分類されている。
　また、他の文化を取り入れることを考える前に、自分の文化が成長し、
独自の特性を発達させることがより重要であることを指摘したい。これ
を容易にするために、会社の創業から3〜4年以内での他社の買収はやめ
たほうがいい。非常に早い段階でM＆Aモードに入る企業の数は驚くほ
ど多いが、強い文化の対立で終わってしまうだけだ。
　我々は皆、会社や従業員を「ファミリー」と呼びたいと考えている。だ
が企業は、合図1つで、かなりの数の従業員をレイオフしたり解雇した
りすることがある。アショクは、マインドツリーファミリー、ハッピエ
ストマインドファミリー、ドーン・コンサルティングファミリーのよう

に、彼自身が引き続き「ファミリー」を強調していることを隠さない。信用を保持するために、彼らの会社を「ファミリー」という人々の行動も、ファミリー的でなければならない。レイオフは最後の手段であり、二度と行わないという断固としたポリシーであるべきである。とはいうものの、我々はいろいろなことがあまりうまくいっていない家族と実績がかんばしくない同僚とを比較して、そこに歴然とした違いを見出さなければならない。あなたはいろいろなことがあまりうまくいっていない家族をだからといって、追い出したり突き放したりはしない。しかし、実績がかんばしくないマネージャーの場合、従業員を手助けする試みのすべてが失敗に終わった後で、もしそのマネージャーをそのままの地位につけておいたとしたら、組織や同僚には不公平な結果となってしまう。実際、そうしなければ、よその場所に行って、別の環境でより良いパフォーマンスを出すことを期待されている従業員にとっても不公平になる。本当の家族とあなたの会社における「ファミリー」との間のそのような違いを認識しておくことは、信頼性を維持するためにも必要だ。

　そのような状況であっても、誰かが辞職を求められたためにストレスを受けるというファミリーのシナリオでは、アショクはマネージャーや経営幹部（特に高級幹部や高齢者）に、その通達に際しては必要以上の配慮を求め、現職の間に次の仕事をあっせんさせたりしている。この延長通知は、成長率や転職率が高い業界では非常に迅速に次の仕事を得ることができ、ほとんど不要であるとはいえ、若い社員や現場の中間管理職にも適用されている。

要点

● 企業内文化は、他の企業が簡単にマネできない、最もユニークで永続的な差別化要因となる。
● ミッション、ビジョン、および価値観（MVV）は、創り上げたい文化の種類を決定する上で重要な役割を果たす。MVVステートメントは、

第4章　ミッション、ビジョン、価値観、そして文化　85

相互に一貫していなければならず、シンプルでインスピレーションを必要とするものでなければならない。これらのステートメントをリアルな環境でわかるように翻訳するには、MVVを内部化し、高級幹部が役割モデルでなければならない。

● 組織のさまざまな部分の文化の違いを問題として見るべきではなく、新しいアイデアの源泉となるように捉えるべきである。組織は、共有された価値観を通じて連携し、共通のビジョンを通して同じ方向に動くように構築されなければならない。

● 偉大な組織文化を創造するもう1つのポイントは意識的に「働きがいのある職場」を創造しようとすることである。

● サブカルチャーはそれぞれの会社の組織内でそれぞれ進化する可能性がある。これらは、本来の文化と矛盾せず、破壊的でない限り安全である。

● 文化は、たとえ適切なインプットを与えても、あなたを驚かせる方法で進化する可能性がある。

● 文化は時間軸や場所の違いで毒性に変わることがある。否定や見方を変えることは何の助けにもならない。問題をすばやく認識し、根本原因を特定するのが最善だ。時によるが、問題は受け取り方の1つであり、その場合の解決策は人々の受け取り方を変えるために簡単なコミュニケーションを繰り返すのが良い。多くのケースでは、問題に対処するために外部の支援が必要な場合がある。

● 高い業績を目指す指導者は、他の指導者と競合しており、協調するための自然な波長を持ち合わせない。組織の連携を強化するための仕組みが必要である。

● 報酬制度は、リーダーシップが重要と考えていることを伝え、ゆえに企業文化に影響を与える。高成績だけを見ているだけでは不十分。コラボレーション、革新、共感、社会的責任の視点で報酬を与える必要がある。

●創業から最初の3〜4年間は、Ｍ＆Ａ活動を避ける必要がある。いくつ
かは類似しているかもしれないが、大抵の企業は異なる文化を持って
いる。「早すぎる」Ｍ＆Ａは、確固たる会社の根幹を作る以前から別の
文化を自分のものに移植するようなものである。

●特に困難な時期に、あなたの行動様式を通じてそれを実証することがで
きない場合には、あなたの会社と従業員をファミリーと呼ぶのは避け
るべきである。レイオフは絶対的に最後の手段である。「ファミリー」
のメンバーがパフォーマンス不足のために離職しなければならない場
合は、その人がソフトランディングできるように思いやりをもって対
応する必要がある。

第5章　組織の構築

「どのようにうまく設計されていても、組織はそこで働く人々以上のものにはならない。」

ディー・ホック

「優れたコーポレートガバナンスというものは、ルールや規則を厳しく守るだけのものではなく、「知的誠実性」に関するものである。このタイプの優れたガバナンスを実践するために企業の運転資金は回されるべきである。」

マーヴィン・キング

創業チームの設立について知っておくべきすべてのこと

　本章では、若い、あるいは将来性のある起業家からよく聞かれる、基本的な組織の構造に関する数多くの質問について述べる。よくある質問は、「創業者は何人くらいいるのが適当？」、「創業者同士は前から知り合いでないとだめですか？」、「創業者同士は同じような、または真逆のバックグラウンドがあったほうがいいですか？」、「創業者の給与はどうすればいいのでしょうか？」、「創業者間での株式の分配はどのように決めるべきですか？」、「もし創業者がビジネスプランの数字を正確に算出しなかったらどうなりますか？」、「創業者間での争いごとで一番多いのはなんですか？」などである。

　我々がしばしば最初にする返答は、多くの質問には正解や間違った答えがないということである。最良の取り組み方法は、関係する人物をよ

く配慮し、状況に応じて微調整する必要があるということである。

　我々が出会った起業家チームは、一緒に勉強したり、一緒に働いていたなどの経験を共有する2人以上の人たちが、一緒に起業に乗り出すことに決めた、というケースが多かった。たった1人で創設するというケースは稀であった。原則として、孤独な創業者に反対することは何もないが、投資家はどちらかというとチームに賭けて、1人の創業者への過度の依存を減らすことを好む。また我々は、夢の実現を夢見る人が創業チームに2人以上いることは成功の一助になると考えている。共に創業して成功した2人組については面白い話がある。グーグルのラリー・ページ（Larry Page）とセルゲイ・ブリン（Sergey Brin）の2人組とマイクロソフトのビル・ゲイツとポール・アレンの2人組、そしてインドではフリップカートの2人のバンザル（Bansal：訳注：血縁関係なし）とスナップディール（Snapdeal）のバール（Bahl）とバンザルの2人組である。物事がうまくいかないときや、チームの誰かが疑念を感じているときに、大規模な創業チームは互いの支持を得るのに役立つと感じている。インモビ（lnMobi）のナビーン・テワリ（Naveen Tewari）も同様の気持ちを表明している。インモビを創設したチームは一緒に学生生活を送っていた4人の友人らで構成されていたが、ナビーンによると、4人の力がビジネスを続ける原動力だったという。ナラヤナ・ムルティー（Narayana Murthy）は、インフォシスに7人の創業者が必要だと感じていたが、マインドツリーは10人、ハッピエストマインドはクリケットチームができるほどの11人がいた。

　ナラヤナ・ムルティーは、彼と働いていた人物と補完的能力を持つ人物を意識して創業チームに選んだ。しかし、多くの場合、学校で友人であったり、どこかの会社で一緒に働いていた創業者たちは、同じようなスキルを持つ傾向があり、それぞれが果たす役割に混乱が生じてしまうことがある。

　アショクは、マインドツリーとハッピエストマインドの創設チームが

第5章　組織の構築　89

どのように選ばれたかについて、以下のように述べている──。

　マインドツリーの共同創業者がワルデンを通じて私にアプローチしてきたとき、スブロトはすでに8人の共同創業者を揃えていました。その後、10人目の創業者ジャナキラマン（Janakiraman、通称Jani）をエンジニアリングビジネスの責任者に迎え入れることになったのですが、そのポジションにはスブロトもジャニを考えていたものの、当時は事業にインターネットソリューションのみを検討していたことが懸念材料となっていました。スブロトはチームの一員として優れた仕事をしました。彼は最初、ウィプロの電子商取引部門のCEOであるクリシュナクマールに声掛けをし、それから私に報告しました。その後、彼はウィプロのエンジニアリング部門で同僚だった数人とルーセント（Lucent）の彼の現在のチームに所属していた1人にアプローチしました。スブロトは彼が共に働いていた人の中で最高と思った人だけに接近したので、私たちはAチーム（組織で中核を成すリーダーのグループ）になりました。見事な手腕ぶりとも言えるのは、ニュージャージー州のCTPから3人の創業者を加えたことでした。ウィプロ創業の初期にアンジャン・ラヒリ（Anjan Lahiri）は米国に移住し、スブロトは彼と連絡を取っていました。アンジャンはスコット・ステープルス（Scott Staples）とカムラン・オザイア（Kamran Ozair）の2人の同僚を彼と一緒に連れて来ることができました。

　彼らはユニークなスキルを持つ一流の人物たちですが、すべての役割は明らかではなく、組織のニーズに沿って「力を合わせる」ことが必要でした。私たちはさらに引き続き、共同創業者には入らなかった経理や人事の担当者を雇う必要がありました。振り返ってみると、もし2〜3人の創業者がいなければ、これらのポジションは創業者が果たすべき2つの重要な役割であったので、私はこ

のやり方は不公平だったと思っています。

ゆえに、私たちがハッピエストマインドを始めたとき、私は上級幹部のポジションは創設者によって満たされなければならないと決めていました。これには、最高経営責任者（CEO）、最高業務責任者（MD）、ビジネスユニットのCEO、最高執行責任者（COO）、すなわち最も重要な企業機能の3つ（人、財務、品質）が含まれています。私はマインドツリーで私と一緒に仕事をしてくれた人たちと、社外の人材で私が近づいた人たち、そして新しいベンチャーに参加するために私の下に集まってきた人たちをミックスしてまとめました。満足しているのは、私が立ち上げ発表後に、私に手を差し伸べてきてくれたウィプロ社の2人の共同設立者を得たことです。品質管理機能に関して、私はインフォシスにベストプラクティスを教示した人物の獲得に熱くなっていました。コネを通じて、それまで個人的に接点がなかったラジャ・セクエル（Raja Sekher）と連絡を取ることができました。このようなプロセスを通じて、私たちはかなり多様な創業者チームを獲得することができたのです。

マインドツリーとハッピエストマインドの両方で、創業者であることから体験できるさらなる情熱とコミットメントに、創業者チームの一員である大きな価値を見出しました。私はまた、最も重要な役割を果たし、また富の創出に最も貢献する上級幹部が、他の部門長よりも多くの株式配分を持つ創業者として参加する必要があるということを学びました。したがって、初めに創業者として多くの技術者が集まり、後に、より重要な役割を果たす人たちが創業者としての地位を持たずに来て、創業者利益を技術者たちだけで分け合うというやり方に、私は到底賛成しかねるのでした。

さて次に、創業者がどのように報酬を受け取るべきか、どのようにし

第5章　組織の構築 | 91

て株式を分けるべきかという質問に答えよう。創業者の数が少ない場合、持ち株比率については平等またはやや平等主義的な分担を選ぶ。平等比率方式で成功した2つの創業について話したい。最初のケースはグーグルで、これはラリー・ページとセルゲイ・ブリンの間で平等な持ち株比率となっている。いま1つはオープンシステムにフォーカスしたITサービス会社のOSSCubeである。ラバンニャ・ラストジ（Lavanya Rastogi）、ヴィニート・アガワル（Vineet Agarwal）の2人のOSSCube創業者は、一緒に2つの起業を行い、両方のケースでそれぞれが貢献していることを測定しないという哲学で、株式を50％ずつに分割することを決めた。しかし、これらは例外的なケースだ。多くのベンチャーキャピタルでは（我々も同じ考えだが）、異なる創業者が会社にとって異なる価値を生み出し、株式を広範な割合で共有する必要があるという観点から、役割の重要なCEOはCXOレベルの2倍の株を持つという考えが一般的だ。ハッピエストマインドでは幅広い格差のある配分モデルを採用したが、マインドツリーでは、アショクは事前に選択された創業者チームがあったこともあり、平等主義のアプローチを選択した。スタートアップ企業では、創業者は、彼らが直近の職でもらっていた給料を払う資金的余裕がない。必然的に、創業者は給与カットを受けなければならず、最高の持ち株比率を持つ人も給与カットの割合がとても高くなるはずである。マインドツリーとハッピエストマインドの両方で、アショクは50％以上の給与カットを受け、マインドツリーの他の3名の役員は20〜30％の削減を受けた。創業者の給与を低く設定した最もすごい例はインフォシスで、ナラヤナ・ムルティーは自分の給与を非常に低く保っていた。これは、インフォシスが非常に収益性の高い、数十億ドル規模の企業になったときでさえ、継続した。ナラヤナ・ムルティーの持論は、創業者は株式配当の業績いかんで報酬を得られるから、というものだった。マインドツリーでは、創業者の給料はIPO達成まで市場金利よりもずっと低く保たれた。その後、賃金水準、利益手数料、勤続年数にこういったギャップをなくすべ

きだという内部的な圧力が生じた。ハッピエストマインドでは、創業者の給料と市場平均との間の格差は小さいが（生活費がそれほど上がらなかったこともある）、アショクは会社の時価総額が約2億ドルに達するとこのギャップが埋もれると考えている。しかし結論から言うと、創業者は起業から数年間は犠牲を払う必要がある。創業者の高額の給料は、ベンチャーキャピタルの視点からは危険信号に映る。

　創業者は会社の創業者であるがゆえに、特別な役割や地位につくことができるかどうか疑問に思う人もいる。アショクは、創業者であることは役割ではないと考えている。社内のより優れた資格のある者に優先して、いかなる役割にも優遇されることを許諾するものではないという確固たる立場をとっている。彼は、創業者チームを、起業家が一緒に集まってベンチャーを立ち上げた時点で、リスクを抱えつつ犠牲を払う準備ができているチームだと考えている。ゆえに、ベンチャーが成功した暁には、相当額の報酬を受け取る必要がある。しかし、創業者であることは、経営上の諸問題に何らかの別の権利を与えるものではない。例えば、マインドツリーにはCXOレベルではない創業者が1人いた。彼には能力があり、熱心で情熱的だった。アショクは彼を取締役会に含めなかったので、他の創業者の何人かはアショクが彼に対して不公平であると感じていた。しかし、アショクの心では、その問題は非常に明白だった。マインドツリーの創業者の役割は、彼が取締役会に参加することに利をもたらすだろうか、そして彼が創業者でなくても彼は取締役に含まれていたであろうか？　すべての創業者関連の決定は、純粋にメリットベースでなければならない。もしそうでなければ、創業者だけがひいきされていると嫌悪感を抱くチームが生じ、創業者だけが会社に対して熱心に取り組むという状況が生じる危険がある。一方、創業者であることは、人にとって正当な誇りの問題である。創業者が会社の歴史の事実であるように、彼らの氏名に加えて、タイトルに「共同創業者」と入れることは、とても公平である。

アショクは、マインドツリーを創業した直後、サンジーブ・アガルワル（現在はヘリオンでベンチャーキャピタルを運営）が彼に会いに来たときのことをよく思い出す。当時、サンジーブはダクシュ（Daksh）の創業CEOであり、アショクからいくつかのアイデアを得たいと思っていた。彼の質問の1つは、役割の要求に見合うように成長していない創業者をどう扱うかであった。数年後、インドをリードする旅行ポータルの会社のCOOが、アショクに質問した。「創業者は自分の仕事には優れているのですが、彼のチームマネジメントは機能不全に陥っています。どうしたらいいでしょうか？」アショクの、創業者のパフォーマンス低下に対する対応は、創業者であるというだけで譲歩や考慮すべきでないということで一貫した。あらゆるヘルプが創業者に提供され、にもかかわらずパフォーマンスが良くならない場合、その創設者には辞任することを除いてオプションはない。機能不全に陥ってしまった優れたパフォーマーに関しては、アショクは、彼が創業者であったゆえではなく、社内におけるよく似た状況のためにアプローチをとるべきであったため、業務の転向を助けるためのカウンセリングプログラムの設立を提案した。ここで注意したいことは以下である。人間の行動を変えることは非常に困難である。最初のステップは、関係者が変更の必要がある事実を受け入れ、変更管理プログラムをチームに公開して見せることに同意することである。

　もう1つのよくある質問は、創設者の紛争をどう回避するか、またそれが起こった場合の組織の被害をどう防ぐか？　である。創業者の間には意見の違いが非常に強いことがよくあるが、組織を脅かすほどの創設者間の葛藤はまれだ。そういった比較的少数のケースがニュースになってしまった。1人の創業者と他の複数の創業者との間で分裂することが、非常にセンシブルな理由のために起こることはある。退任する創業者は、起業家精神のさまざまな要求に応えられないと決めたかもしれない。あるいは、その創業者の人生の目標がベンチャーに合致していないことに

94 ｜ 第5章　組織の構築

気付くかもしれない。そのような場合は、相手を傷つけないような別れ
の機会を作り、自分の本当の人生の糧を見つけられるようにすることが
最善である。もし戦略に大きな不一致がある場合は、CEOの決定を受け
入れる必要がある。創設者が強く反対しても、CEOの決定が下されたら、
自分を曲げてでも完全な支持を実行しなければならない。その創業者が
決定に同意できない場合は、組織が否定的なシグナルを増幅し、目に見
えない後ろ向きな環境を育成するのではなく、どのようにしてでも前進
することが大切である。これは、不健康な職場と毒のある文化につなが
る。我々がこれまで付き合ってきたベンチャーキャピタルは、創業チー
ムの分裂が、CEOやその他の役職になることを目指す個々の野望に直結
していることが多いという。幸運であれば、これが起こる頃には、組織
は1人や2人の上級幹部くらい問題にならないくらい十分に成長している
かもしれない。

　このセクションでは創業者について多くのスペースを捧げた。会社の
基盤は彼らに依存しており、将来の成功のための正しい基盤を作ること
は彼らの義務と責任だからである。

ガバナンスとコンプライアンス部会

　すべてのスタートアップが最高水準のコーポレートガバナンスを遵守
し、これを起業家の今後の指針として確立することが重要である。コン
プライアンス部会は、コンプライアンスのチェックリストをはるかに上
回るガバナンスの主な守護神的機関であり、ビジネス上の倫理、データ
の完全性、差別に関する方針、セクシャルハラスメント、内部通報者対
応などが含まれる。フォーチュン・インディア（Fortune India）は40歳
未満の社員を対象とした40歳の企業起業家の認定プラットフォームを
運営している。そのプログラムを担当する編集長のタンモイ・ゴスワニ
（Tanmoy Goswami）は、起業家精神に魅せられている。しかし、彼は評

第5章　組織の構築　｜　95

価する会社でよく見られる貧しい統治にいつもぞっとさせられている。彼によると、誇大広告を生成し、有利なメディア報道とより高い評価を得るための財務実績における誇張された数字は、業界では一般的ということである。ガバナンスの貧弱さの他の側面としては、否定的な売却、競争に関する非難のコメント、企業資産と個人支出の明確な区別の欠如があげられる。

　多くのスタートアップで取締役を務めているゴパランは、スタートアップのコンプライアンス部会の理想的なサイズは3人から5人のメンバーであると感じている。ベンチャーキャピタルが2社参加していれば、それぞれが取締役会に参加するので、部会には2人の取締役が補充される。できれば、財務的背景を持ち、関係者の合意により任命された独立した取締役をおくのはいい考えだ。ハッピエストマインドでは、ゴパランを取締役として迎えたことはコーポレートガバナンスの達成に向けて決定されたアプローチだった。

　アショクの考えでは、投資家たちは優れた取締役を務める。ベンチャーキャピタルは自己資金を持ち、スタートアップの課題を理解している。アショクのアプローチとベンチャーキャピタルのそれとの主な違いは、結果が計画を下回った際に役員や従業員の解雇を進める引き金を引くまでの速度の違いだ。マインドツリーでは、ビジネスユニットの1つが大きな競争に直面していた。IPOへの7年計画のうちの3年、あるいは4年が経過していたが、計画には大きな遅れが生じていた。ベンチャーキャピタルは特定の事業ユニットのトップの解雇を何度も要求してきた。アショクの考えでは、それはチームが過剰な目標を掲げていたからであり、この種の懲罰は、人々が目標を低く設定することにつながるという別の問題を生じさせる可能性があった。また、2年以内ということであれば、外的に酌量すべき状況があった。さらに言えば、当時マインドツリーが、現職のコミットメント、情熱、チームワークの良さにマッチした代わりの候補を迎え入れることができるとは到底思えなかった。幸い、役員会

はアショクの判断にしたがって対応を延期し、そのビジネスユニットの業績はそれから数年間で改善された。このような状況において危険なのは、部門トップが自分の立場が脅かされる恐れがあることから十分に強い立場をとることを躊躇する可能性があることである。アショクは、スタートアップ段階であっても彼が率いる企業はすべて、公的な大企業に匹敵するガバナンス体制で経営されなければならないと常に考えてきた。これには内部監査委員会、報酬委員会、苦情委員会などの取締役会付き委員会の設置も含まれる。ビッグフォー（以前のビッグファイブ）のみが部会の監査役に選出された。彼はまた、有名な社内監査人を初めから任命したが、これは非公開の有限責任会社には20億ルピーの収入に達するまでは必要ない。我々は、内部監査人の任命は顧客保護のために不可欠だと信じている。誰かが主要なプロセスやシステムを定期的に調べておらず、また的確なコントロール、チェック、残高があるかどうかを確認していなければ、コントロールは容易ではなくなる。

　最後に我々は、CEOの後継計画は、起業家が担うガバナンスの責任の一部であると考えている。かなり早い段階での承継計画は、いくつかの人にとって奇妙に聞こえるかもしれない。しかし、しばしば初期段階において、1人の重要人物、大抵の場合CEOに、過度の依存が発生し、緊急時や予期せぬ状況が発生した場合にCEOが退職する状況を想定して、あらかじめ合意された承継計画があることはとても重要である。

　マインドツリーが創業したとき、アショクはチームの誰も会長兼CEOに就任する準備ができていないと感じた。社内取締役と同時進行で、アショクは3人の潜在的後継者を任命し、パネルを取締役会に提出した。彼は個人的に希望の候補者に連絡し、会社の背景を説明し、不測の事態が発生した場合に取締役会がアプローチしたら、経営権を取る意思があるかどうかを確認した。約5年後、アショクは再び取締役会に対して、外部の承継計画はもう必要ないと言った。その後、取締役会は、後に提出された内部承継計画に合意した。またこの経緯を経て、ハッピエストマ

第5章　組織の構築　｜　97

インドでは、アショクのポジションを承継させるために理事会の理事長
（会長ではなく）とのコンセンサスがある。アショクはこのような承継計
画は必要ではないとの希望を表明していたが、ノミネートされた人物は、
受け入れを表明している。

CEOの選出

　企業における最も重要な役割は、CEOの役割である。創業者が個人的
にも集合的にもCEOの一員として共感できないと感じる場合、そして外
部にそれを求めない場合を除き、我々は創設者の１人がCEOになるべき
だと確信している。世界で最も成功した企業の中には、マイクロソフト、
フェイスブック、インフォシスなど、長年にわたりCEOとして会社を率
いてきた創業者もいた。何人かの創業者が集まったとき、「上司」が誰
であるかを明確にする必要があり、その人がCEOになる。インドゥルー
カ・アラヴィンド（Indulekha Aravind）が行ったインタビュー（エコノ
ミック・タイムズ、2015年10月４日）では、７人の創業者を集めた経験談
の中で、ナラヤナ・ムルティーは、１人の絶対的ボスがいなければならな
いという。インフォシスでは、意見の相違があるときはいつでも、最終
的に決断したのはナラヤナ・ムルティーだった。

　34歳でCEOに就任したアショクは、すでに人生の半分以上がCEOで
ある。CEOに関する彼の考えはこうだ──。

　　　「ボス」という言葉には、多くの否定的な意味が含まれています。
　　　ナラヤナ・ムルティーとは絶対的なリーダーの必要性について完
　　　全に同意見です。しかし、マインドツリーのインド系共同設立者
　　　の大半が私に対して「ボス」という言葉を使用するのを私はあま
　　　り好みません。クリシュナクマール（K.K.）は、彼がCEOに就任
　　　して私が執行役会長に就任した後もこれを続けました。また、ナ

98　第５章　組織の構築

ラヤナ・ムルティーによれば、CEOは、おそらくすべてのステークホルダーの意見を聞いた後、主要な決定を下す者です。私はこれに同意します。したがって、結果について完全に責任を負うのはCEOです。これは決まり文句ですが、すべての責任はCEOにあると言っていいでしょう。

しかし、このポジションは、執行役会長がCEOとは別の役目を果たすときに混乱する可能性があります。ハッピエストマインドでは、私は執行役会長として職務を開始しました。CEOが年次業績を達成するための完全な責任と説明責任を持つようになったことについては、取締役会と合意しました。これまで築き上げてきた事業をリードしてもらうために、願わくば、私は自由、サポート、そして、資金的手段などを与えられる必要があります。一方、執行役会長として、私には5年間のビジョンに向けてハッピエストマインドを導く責任があります。

良いCEOになるために何が必要かということについてはいろいろなことが言われています。それは1冊の本にできるほどのものでしょうが、私はそれを本書のいくつかの章で試みたいと思っています。単純に、現時点でCEOの最も重要な役割は、自分の継承人事を計画すること、と私は述べたく思います。私がマインドツリーの会長兼CEOになった経緯と、私の後継計画について私が何をしたかということを話しましょう。前にも述べたように、私の共同創業者たちはワルデンを通して私にチャンスを与えてくれました。議論の相手であり、すでに私に資金を提供していました。その時、スブロトとK.K.は数か月間にわたって話し合っていましたが、誰がCEOになるかを決めることができませんでした。私が別途計画されていたベンチャーを1社に合併することに合意したとき、私が会長兼CEOになることは決して疑いの余地がありませ

んでした。スブロトは私を絶対的に信頼してくれていて、誰がマインドツリーのCEOになるかを決めることができなければ、この会社は死産も同然となるだろうとスブロトとK.K.は思っていました。数年後、私が承継計画を実行しなければならなくなったとき、私はK.Kを選び、スブロトは副会長に任命し、会長になる道を開きました。私がマインドツリーを離れることを決めた後、議長の後任人事が行われたが、CEO職の継承は私の任期中に行われました。K.K.は優秀なCEOになり、スブロトも同様に会長として良い選択となりました。概して、あなたはこれを「餅は餅屋」の解決策と呼ぶことができるでしょう。

組織の基盤づくりを支える組織

　内部監査員とは別に、あなたの組織を構築するのを助けることができる他のグループまたは人物は、顧問会議、コンサルタント、およびメンターである。再び、アショクは自分の言葉で専門家を活用したハッピエストマインドでの経験を、以下に語る――。

　　私はマインドツリー創業時に外部コンサルタントの専門知識に目を向けることはありませんでした。ハッピエストマインドでは、私がマインドツリーを辞任してから数日後に新会社の設立計画を発表したとき、私は完全に自己資金状態でした。したがって、ベンチャーキャピタルへの財務およびマーケティング計画の準備、ベンチャーキャピタルとの交渉、資金調達に関する複雑な文書を含む、企業立ち上げにおけるすべての法的詳細の策定など、複数の分野でコンサルタントを雇い入れる必要性を感じました。私は過去の経験では内部的にはあまり見られなかった多くのアイデアに

100 ｜ 第5章　組織の構築

アクセスできるようになり、社内チームが存在しなかったことはむしろ良かったことがわかりました。これらの点で幸いにも、私は優れたコンサルタント、ゴパラン、ラジーブ・カイタン、ポール・ライターのジェシー・ポールを得ることができました。アイデアの1つはとても貴重なものであり、3人は他にもいくつかのアイデアを提供してくれました。ゴパランはすべての財務上の課題を担当してくれ、ラジーブ・カイタンは法律上の手続きだけでなく、ビジネス上のことについても知見を持ち合わせたごく稀な弁護士です。ジェシーはマーケティングとブランディング分野でアイデアを提供してくれました。私は人事に関連する分野でも専門的な助けが必要でしたが、その問題課題についても、幸運なことにラジャ・シャンムガムが早い段階で手を貸してくれました。5か月後にハッピエストマインドを設立するまでに、私たちは数多くの基礎固めをすることができました。ここで述べたすべてのコンサルタントのサービスは非常に合理的な価格で利用でき、また、インドの主要都市では、同様の資格を持ち、料金も手ごろなコンサルタントがスタートアップに利用できると私は確信しています。

　私はマインドツリーでは顧問会議を置きませんでしたが、ハッピエストマインドでは顧問会議を設置。4人の世界的企業のCIO（最高情報責任者）を招きました。彼らは無報酬で多くの洞察と顧客の視点を提供してくれました。エクィファクス（Equifax）のデビッド・ウェッブ（David Webb）、エヒブラーダ（Hepsiburada）のミッテュ・シリダル、レクサム（Rexam）のロドニー・エフォード（Rodney Hefford）、フォレスター（Forrester）のスティーブ・ペルツマン（Steve Peltzman）に感謝の意を表します。

　あなたの起業を助けるために手を差し伸べてくれる外部の人たちのもう1つのグループはメンターです。彼らは無償であなたに

非常に有用なアドバイスを提供してくれます。インダス・アントレプレナーズ（Indus Entrepreneurs：TiE）とNASSCOMはメンタリングプログラムを運営しており、若い起業家を支援してくれる成功した起業家が数多くいます。実際、多くの起業家がメンターのサポートに成功しています。ナーチャリング・グリーン（Nurturing Green）の創始者であるアヌ・グロヴァー（Annu Grover）は、K・ガネシュ、ディープ・カーラ（Deep Kalra）、ラウル・ナーブカ（Rahul Narvekar）、ラウル・シン（Rahul Singh）の4人のトップ起業家たちからの指導を得ていると評されています。

組織構造

　組織構造について最初に知るべきことは、個人の責任を定義するという点では完璧な構造などないということである。あなたが決定したことには、それを批判する人が常に存在する。これは、すべての組織形態に賛否両論があるため、十分に予想されうることだ。第2に、あなたが決める組織形態は、あなたのGTM(go-to-market)アプローチを定義する。企業は、業界団体、地理的実体、または慣行など、複数の次元で市場アクセスを最適化する必要がある。これらの1つのセットが会社の主要なプロフィットセンターになり、プロフィットセンターが会社の中心的な前進力となる。粗利益とコストを測定したセンターでは、物事に不十分な点があり、制御できないことを測定しているという不満も出てくる。例えば、IT業界では、地理的組織、水平的なドメイン、垂直型の産業グループなど、顧客へのアプローチにおいて考慮すべき複数の要素がある。ハッピエストマインドでは、これらのすべての次元と、プロフィットセンターのビジネスユニットを持っていた。これらは、デジタルトランスフォーメーションとエンタープライズソリューション（DT＆ES）、インフラ・

メンテナンス・サービス・セキュリティ（IMSS）、製品エンジニアリングサービス（PES）だった。このような形で会社を組織する理由は、それぞれのビジネスユニットがDT＆ESのCIOとCMO、IMSSのインフラまたはセキュリティの責任者、PESのCTOまたはエンジニアリング部門長の要求を満たすように設置されていたからである。この構造によって、私たちは顧客の要望をより良く理解し、コミュニケーションをとることができた。もちろん、この構造が十分ではないと思っていた人もいたし、実際にいくつかの欠点も見られた。しかし、創業当時、それらのプライオリティを見定めると、私たちは意識的にビジネスユニットベースの組織作りが最善であることを理解した。すべての構造は進化し、変質する。ハッピエストマインドが成長し続けると、新しいプロフィットセンターが現れ、既存のものがサービスラインになる可能性は疑いない。

　ほとんどの人は、組織の構造を決定する際に関係や階層を報告することに重点を置いている。上で述べたように、組織形態はGTM策の手段である。したがって、まずプロフィットセンターを定義してから、レポート体系を設計する必要がある。

　考慮すべき第2の側面は、その組織形態を、いかにして運用効率の向上達成のために活用できるかである。最終的に、組織の構造もアカウンタビリティに影響を与える。例えば、ハッピエストマインドでは、3つのビジネスユニットを完全に統合し、それは一部のリソースを複製または3重化することにはなったが、最終的に自立させることにした。その理由は、一部の本社機能またはサポート部門の営業時間が制約されていて支援を受けられないために、ビジネスユニットが顧客にサービスを提供できないという状況を各ビジネスユニットに甘受してほしくないからである。また、企業のそういった機能に頼らざるを得ない場合は、部門間でのビジネスが減速する。統合された構造にすれば、草の根レベルでの決定の迅速化、および高い運用効率が可能になる。

　組織の構築における従来の考え方は、お互いに寄り添う、中核的な組

第5章　組織の構築　103

織を確立し、次に獲得する人々に徐々に投資することである。これはほとんどのスタートアップ企業にとっては正しいアプローチである。しかし、急速に拡大したい場合は、先に投資しない限り、そのレベルには達しない。我々の考える原則は、最初からあなたが理想とする組織を構築しなければならないということである。例えばハッピエストマインドでは、3つのビジネスユニット、複数の業界グループ、いくつかのグローバルな実践、いくつかの地理的な中心地、6つの企業機能のリーダーが必要なことを当初から知っていた。これらの部門を設立当初からリードするために幹部役員を配置した。ポジションの大半は、同社を立ち上げたとき点から、次の4〜5か月の間に埋められた。もちろん、このようなアプローチは、より多くの資金を必要とし、必要な資金がその目的に使い切って損はないと確信できる場合にのみ可能である。このようなアプローチは、シリーズB（第2）ラウンドが確定するまでは実現できない。そうでない場合は、組織を解体して人を解雇しなければならない。ハッピエストマインドは、この構造への投資により、業界の成長が5年前の30％から10％に減速した時期に最も急速に成長しているインドのITサービス企業になった。このような高水準のアプローチの欠点は、より慎重な投資アプローチと比較して、短期的および中期的に株主利益を押し下げる可能性が高いことである。本書を書いている間に、ホッケースティック効果が奏功して7年後、株主利益を向上させることが期待されている。しかし、そうでない場合でも、我々は他には選択肢がないと信じている。もし迅速にスケールアップしないと、他の誰かがあなたの市場を奪い取るだろう。

才能の獲得と保持

　幸いなことに、スタートアップ企業に才能ある人物を誘うのはさほど難しいことではない。多くの若者がスタートアップは楽しくてクールな

職場だと思っている。ハッピエストマインドの設立を発表した記者会見だけで、8000件以上の入社申し込みが寄せられた。前述のとおり、我々は設立発表会見で2人の共同創業者さえ獲得することができた。そのうちの1人は以前、アショクと仕事をしていたが、もう1人はプラセンジット・サハといい、アショクは全く知らなかったが、プラセンジットは彼へのウィプロ社の雇用通知書が同社をやめる直前のアショクの署名によるものだったことをよく覚えていた。

　大規模な創業者チームのもう1つの利点は、すべての優秀なリーダーたちが困難を乗り越えることができる、多くの信頼できる同僚やフォロワーたちを持っているということである。したがって、大規模なチームは堅牢な基礎を築くのに役立つが、それはまた、才能の基礎を多様化させるのにも役立たせることができる。そうでない場合は、従業員が以前に働いた場所から持ち込むサブカルチャーが育成されることになる。ハッピエストマインドでは創業から2年間で100を超える企業からさまざまな人材を会社に迎え入れた。それでも、アショクが率いていた2つの会社から来たリーダーたちがかなりいたので、これらの緊密な関係が「支持されたグループ」であるという認識を持った人々もいた。これらの偏見や他の否定的な認識に取り組むことは、才能の保持において長い道のりになる。

　才能に関するこのセクションでは、募集と選考におけるワンポイントアドバイスについては触れない。代わりに我々が共有したいのは、我々が採用で起こした間違いから学んだことである。以下、アショクの意見を引用する——。

　　　私がおかした最初の間違いは、数年前に私と一緒に働いた人々に対して、詳細で新鮮なインタビューの厳しい手順を踏まないことでした。後に、私はその間に予想していたほどビジネスが大きく成長しなかったことに驚きました。また、人は変わるものなの

で、そのような可能性を認識しておく必要があります。私がまだ
マインドツリーにいた頃、私は在英のカントリーマネージャーと
してウィプロ最大のアカウントを構築するのを手伝った人物を選
びました。私は彼が顧客企業のCIOとの強力な個人的関係を構築
していたことを認識していました。これをパフォーマンスの証と
して、私はリファレンスチェックをしませんでしたし、彼に深く
インタビューをしませんでした。売り上げが8か月間もなかった
後になって、我々はそのカントリーマネージャーの情熱が馬の繁
殖と彼が始めた種馬飼育場に移っていたことを知ったのです。

　増大する仮想世界では、いくつかの奇妙なことが起こる可能性
があります。ある海外事務所では、二重雇用が発覚するまでの2
年以上にわたり、新しく雇用した人物が他のITサービス会社と当
社に同時に雇われていたことが判明しました。これは極端な例か
もしれませんが、注意が必要であることを示していると思います。
私は決して厳しいルール作りや過度の監視を示唆するわけではあ
りません。小規模なスタートアップ企業でも利用しようとする少
数の人は常にいるので、信頼に基づいて進める必要はある一方で、
基本的なチェックを入れるべきと思います。

　間違った雇用にかかるコストは、直接雇用にかかる費用の5倍
以上に膨らみます。営業のポジションほど高くつくものは他にあ
りません。空席があり、それを埋めるのに適した人物が見つから
ない場合は、直属長にカバーを依頼して、あなたがそのポジショ
ンに合う人を得るまでポジションを空けておくのがいいでしょう。
離職率が最も高いポジションはフィールドセールスのポジション
です。これは、セールスマネージャーが数字を達成できなかった
ときに隠れるところがないためと思われます。私は営業担当者の
誤った雇用を回避する方法に関するいくつかの大原則を知りたい

106　第5章　組織の構築

と思いますが、そのようなものはありません。ただ私が参考にしていることの1つは、小規模または中規模の成功であっても、安定して成功を得た人を雇うことです。私は1つまたは2つの大きな成功経験を誇っている人には慎重です。確かに、シニアセールスおよびビジネスマネジメントのリーダーは、大きな取引をしかけ、成功に対する責任を負います。営業ポジションの別の側面—選考期間が長くなる可能性はありますが、誤った雇用を恐れて意思決定の時間を遅らせるべきではありません—パイプラインのビルドアップを質的および量的にチェックして、約6か月後に結論に至るのが良いでしょう。

　スタートアップ段階での人材獲得は驚くほど簡単であると感じていますが、人材保持に関する課題は、企業が3年以上に近づくと始まります。その頃にスタートアップの興奮は沈静化し始め、ライフスタイルの機微に対する課題と要求が大きくなってきます。寛大なESOPスキームは人材の継続雇用の助けになりますが、一方で若者はIPOによる富裕化が遠すぎると感じることがあります。この非常に競争力のある人材市場では、ヘッドハンターはすぐにあなたの会社のトップパフォーマーを特定し、50〜100％増以上の高い報酬の提供で誘いをかけてきます。この本の他の部分では、自分たちの役割を超えた意識を人々に与え、働きがいのある場所を意識的に創り出すような分野をカバーしてきました。私が見てきたことで興味深い現象の1つは、業績の良いビジネスユニットや部門の消耗率は低く、従業員数が多いことです。あなたはそれが他の方法であると主張することができるでしょう。例えば、より多くの人の関与とチームのより良い保持は、より良いパフォーマンスに貢献します。これらのステートメントは両方とも正しいでしょう。人々は勝利チームの一員であり、勝てば官軍です。し

第5章　組織の構築　107

たがって、高い人材維持のためには、偉大な人材習慣と相まって、高性能で継続的な強化サイクルを作り出すことが重要です。

要点

●会社の組織を構築することは、適切な基盤を創り出すことから始まり、その責任は創業者にある。

●ベンチャーに合った創業者の数を確認するのに役立つガイドラインはない。しかし、我々は単一の創設者によるセットアップを勧めないし、ベンチャーキャピタルもそれを嫌がる傾向がある。

●ほとんどの創業チームは、一緒に勉強したり、一緒に働いたりした人たちで構成されている。つながりが助けになる一方、バックグラウンドがあまりに似すぎる傾向がある。創業者には相互の補完性があることが重要である。そうでなければ、人々を役割に強制的にはめ込ませる傾向が強まる。

●推奨するアプローチは、創業者によって有益となる最も重要な役割を定義し、次にその役割を満たす適切な人材を選ぶことである。過去に一緒に勉強したり仕事をしたりした人がいれば、結束の助けになるが、創業者の選択の基準にはならないはずである。あなたのフィールドの企業が特定の分野で優れた評価を得ている場合、その会社の関連経験を持つ創業者を引き付けることができれば、ベストプラクティスをもたらすことができる。

●創業者間の持ち株の共有は、平等または平等主義である必要はないが、期待される職務の価値の拡張に比例して持ち株比率を増やす必要がある。

●起業家は給料カットを受ける必要がある。起業家が以前の会社でもらっていた給与を支払うことができないためだ。大学を卒業したばかりの創業者であっても、給与は市場標準よりも安くあるべきだ。最上位の

創業者と最高額の持ち株比率を受け取る人は、最大の給与削減を取るべきである創業者に高額の給与を用意するのはベンチャーキャピタルの目からすると、良くない傾向である。

●創業者は創業者であることに誇りを持っている正当な理由があるが、創業者であることは役割ではない。特別な譲歩を受ける資格もない。したがって、創設者が人事評価されていない場合、チームの他のメンバーと同様に扱われなければならない。最大限のサポートを提供し、まだ問題が解決しない場合は、退職を考えなければならない。創業者であることは歴史的事実であるので、署名や訪問カードの指定に補助として「共同創設者」を使用することは非常にうまくいく。

●創設者の組織を脅かす紛争が起きると必ず新聞の見出しにおどる。幸運にもそれはよく起きることではない。それを避ける最善の方法は、意見の相違に関する議論と健全な表現を促すことである。

●創設者の間には、明確に「上司」と見なされ、正当な議論の末、すべての創業者がその決定を受け入れる者がいなければならない。

●創業チームとは別に、組織形成のステージで重要な役割を果たしている他のグループは、コンプライアンス部会である。同部会また、コーポレートガバナンスの最高水準を設定するための守護神でもある。多くの業界関係者は、いくつかのスタートアップでの脆弱なガバナンスにぞっとしている。これには、数字の誇張、否定的な売却、競争の過剰な激化、会社資産と個人支出の明確な区別をしないことなどが含まれる。

●スタートアップの理想的な取締役数は3〜5人である。

●コーポレートガバナンスの観点から見て、創業時から公的大手企業のように会社を経営するのが最善である。例えば、私的企業の法定要件ではないが、社内監査人を任命するなどである。

●起業において最も重要な役割はCEOである。決まり文句だが、CEOになれば誰もが、年次の結果についてすべての責任をとる。

●ほとんどのスタートアップ企業は、CEOの後継計画をスタートアップのうちに立てることは早すぎると考えるかもしれない。しかし、企業の初期段階では、CEOという、この重要な個人に過度の依存が生じ、どんな人にも発生する可能性がある、危急な場合や緊急性が高い事態に備える必要がある。したがって、CEOの重要な責任の1つは、取締役会と一緒に、継承計画を確定することであるといって過言ではない。

●内部監査人を別にして、組織の構築を手助けできる外部組織や人は、顧問会議、コンサルタント、およびメンターである。

●組織形態は階層や報告関係ではなく、GTMアプローチ、業務の効率性、アカウンタビリティを定義するものである。組織の設計は、これらのパラメータを考慮して開始する必要がある。また、組織の構造は常に完全ではなく、構造は時々変更する必要がある。プロフィットセンターが組織の構造を変える。プロフィットセンターの傍らにいる人たちが権利を奪われないようにする仕組みが必要である。

●スタートアップを構築するための従来の方法は、小さなコアのチームから始めることだった。会社が成長するにつれ、投資はお金の流れに従っていく。迅速に事業規模を拡大したい場合は、必要な組織を先に作成する必要がある。急速にビジネスを拡大しなければ、他の誰かがあなたが所有したいマーケットスペースを占有することになる。しかし、この高額な投資が必要なアプローチは、強いコミットメントがある場合にのみ考慮することがでる。さもなければ、あなたは急拡大でキャッシュフローが悪くなり、組織拡大を撤回しなければならなくなる。

●今日の若者の多くは、スタートアップで働くことに憧れており、魅力的だと感じている。したがって、人材を引き付けることはほとんどの人が恐れるほど困難ではない。

●誤った雇用機会にかかる費用は、退職までの直接費用の5倍かかる。したがって、急いで雇用するよりも、ポジションを多重化して埋めるほうが良い場合もある。

●最高の機会費用は売上高であり、離職率も最も高い。誤った雇用者の機会損失を制限するために、パイプラインビルドアップのようなリードインジケータを追跡する必要がある。

●過去に見知っている誰かを雇用するとき、詳細なインタビューやリファレンスチェックを飛ばしがちである。人の動機付けは変わることがあり、それによって他の人の成長が妨げられることもあるので、不愉快な気分にさせられることもある。

●人材保持の課題は、会社が3期目近くになると始まり、創業当初の興奮は消え始める。社員のうち優秀な人たちは、現在の報酬の50〜100％増の給与をオファーされるだろう。ESOPスキームとは別に、人々に目的意識を与え、意識的に働き甲斐のある職場を作り出すことが大切である。

●人々は成功に関係することが好きだ。したがって、人々の忠誠心を向上させる最善の方法は、すばらしい人事考査によって、パフォーマンスの評価を強化し、社員の維持に努めることである。

第6章　ビジネス戦略

「戦いは始まる前に勝利するもの」

孫子

　ビジネス戦略に関するほとんどの書籍は、時間をかけて検証された戦略の画一的な原則に基づいて説明されていることが多い。しかし、アショクは違う捉え方をしている。彼は戦略を戦略アプローチの連続体と見ており、それは企業のライフサイクルや状況によって大きく異なる。したがって、スタートアップ戦略、スケールアップ戦略、巨大企業（ゴリラ）との競争戦略、ピボット戦略、リスク軽減戦略、新しい競争によって混乱することを避ける戦略、および買収戦略などが必要になる。

スタートアップ戦略

　スタートアップ戦略は、ベンチャーを始めるために選択したアイデアの仮説を実行し、その仮説を検証するステージである。これには、参照可能な市場、他の参入企業に対する競争への対応、製品／サービスの採用の容易さ、顧客の獲得と成長の可能性、市場へのアプローチなど、市場規模に関する仮定が含まれる。あなたの知見に基づいて、事業立ち上げにかかる予算を再検証するときである。

　多くは、自分たちの戦略を破壊的と位置付けている。スタートアップのステージは、あなたの戦略が本当に破壊的かどうかを検証する良い機会である。そうであれば、市場にはどのような混乱が起こっているのか？新しいジャンルの製品やサービスを提供しているか、既存のサービスを提供しているがコストや資産構造が崩壊しているかどうか（例えば、ウー

バー／オーラとリムジンサービス）、仲介業者を排除して流通構造を混乱させているのか、または顧客が自社のビジネスで絶対的優位性を得るために役立つ新しい破壊的な技術を市場に投入しているのかどうか。最後の仮説は、私たちがハッピエストマインドを始めたときに有効だった。SMAC（ソーシャル、モビリティ、アナリティック、クラウド）はそれほど束縛された頭字語にはならなかった。また、当初の戦略は常にSMAC+であることは明らかで、我々は常に、より破壊的な新しいテクノロジーを登場させていった。したがって、我々の技術製品には、すぐに統合コミュニケーション、IoT（Internet of Things、モノのインターネット）およびAI／コグニティブコンピューティングが含まれることになった。

　また、差別化要因について、その前提が有効であるかどうかを明確にする必要がある。ハッピエストマインドでは、我々の差別化要因を競合の状況によって検証する必要があった。多くのニッチなモビリティやアナリシスだけの企業が登場したが、我々はこれらすべてのテクノロジーをデジタル変換ソリューションに統合できる唯一のスタートアップだった。すべてを行うと主張していた、より古く、より大きなソリューションプロバイダーに対しては、我々は保護すべき追加品がないことを正当に述べることができた。

　スタートアップからスケールアップ段階へと進まないベンチャーの多さには驚くばかりである。新たな資金調達ができないため、組織が崩壊するという外部的な兆候である。その後の資金不足の背景にある根本的な原因は、当初の仮定がもはや有効でなく、コースの修正が早期に行われなかったことである。我々は、悲しいかな、「新しいベンチャーの墓場」と呼ぶものに文字どおり何百ものケースがあるので、あえて例を挙げない。このスペースに参入する人の数が急増する中で、この数年間の電子商取引業界における失敗の最大数があると付け加えておくことは公正であろう。

　アショクが強くフォーカスしている1つの領域は価格である。彼の言

葉を引用する――。「価格は戦略ではない。それは無益な努力だ」。多く
の企業が、安い価格のものを提供して、生き生きとした健全な企業を創造
できるとの信念で市場に参入するのは残念である。あなたの製品やサー
ビスが30％のマージンでビジネスを行っている場合、10％の割引をする
と、マージンの33.3％が侵食されていることになる。それを理解するの
に高度な技術はいらない。低い価格設定は、競争よりもコストが低い場
合にのみ有効で、業界レベルで一定のマージンを維持することができる。

　ハッピエストマインドの創業当時、大規模なインターネット会社が、
オフショア開発センターを設立するため照会でふらふらと価格設定して
いたことをアショクはよく思い出す。通常の処理の後、我々は2つの最
終候補の1社に選ばれたと知らされた。もう1つの候補社はインドに拠点
がある大手のIT企業だった。我々はまだTier-2のプレイヤーではなかっ
たので、相手に提供された価格よりも10〜20％低い価格が与えられると
言われた。我々は、チームの品質やスキルのプロファイルに対する期待
が低いためかどうかを尋ねた。答えは「いいえ、Tier-2ベンダーである
ため価格が低くなります」。我々はその理由付けが気に入らず、オファー
を丁重にお断りした。

　低価格戦略のもう1つの危険性は、安価と見なされるという否定的な
意味合いである。タタ・モーターズのナノの失敗は、市場で最も安い価
格帯で最も安価なクルマを生産するという目標に大きく起因すると我々
は考えている。ナノにはいくつかの斬新なデザインとすばらしい美しさ
があった。タタ・モーターズは、車を買うことは、特に二輪車から卒業
して四輪車に昇格した人にとっては念願であることを理解していなかっ
た。そのような人の多くは、最も安い選択肢を作ったと見られたくなかっ
たのである。お金に対する価値は、はるかに優れたポジショニング戦略
だった。

　電子商取引企業の多くは、インターネット購入の習慣を確立しようと
していることを理由に膨大な割引に甘んじている。インターネット小売

業者が実店舗にかかるコストを抱えていない限り、価格を下げることは正当化される。インターネット小売業者は、在庫を抱えた店舗より低いコストを有するかもしれないが、重い割引が相互に市場占有率を取得するために使用される場合、それらは自分自身に跳ね返ってくる。大量のキャッシュが吹き飛ばされ、そのような割引がもはや実現できなくなるときがやがて来るだろう。我々の見解では、電子商取引プレイヤーが受け取っている巨額の評価額が崩壊したら、少なくとも数社はその存在が脅かされるということである。

　割引価格に対する立場の例外は、有名なかみそり商品の価格設定戦略である。ここインドでは、カミソリは、「独自の」替え刃の販売を誘発するために安い価格で販売されている。もう1つの例は、フレクストロニクス（Flextronics）、フォックスコム（Foxcom）、サンミナ（Sanmina）のようなオリジナルの設計と製造（ODM）のプレイヤーで、進行中の製造契約を得るために設計を安価に設定している。どちらの場合も、主な製品／サービスの価格設定は損なわれていない。ODMの例では、マインドツリーやハッピエストマインドのようなデザインサービス会社がODMと競合していると判断された場合、設計価格を引き下げる意味はない。1つの戦略は、設計と製造の契約を切り離すよう顧客に求めることである。もう1つの可能性は、あなたからデザインを購入するために勝利したODMを説得することだ。設計サービス会社は、より専門性の高い知識を持ち、ODMにかかるコストを大幅に上回る利益を上げるだろう。

　スタートアップ戦略のもう1つの側面は、あなたが業界のバリューチェーンのどこにいるのかを把握することである。多くの企業は、ローエンド市場がますます汎用化されるにつれて、バリューチェーンを強化している。したがって、バリューチェーンの中で、マージンを増やして参入する機会を提供するスポットを見つけることは良いことである。市場は一般的にバリューチェーンの基盤で最大であるため、中間的なポイントは、価格／マージンで十分な市場を提供するはずだ。

第6章　ビジネス戦略　115

スケールアップ戦略

　スタートアップのチャレンジに勝った後は、スケールアップの戦いになる。バリューチェーンのどこから出発したかによっては、チェーン全体の大部分を包含するように上下に移動するオプションがある。逆説的には、バリューチェーンを下に移動することは、上に移動することよりも困難である。後者は、付加価値の高いスキルを獲得することを要し、そのために志向的であり、バリューチェーンを動かすことで、組織に負の感情が生まれることがある。例えば、ハッピエストマインドやマインドツリーでは、付加価値の高い空間で働く会社のDNAとは違っていると見られていたことで、ビジネスプロセスアウトソーシング（BPO）分野に参入することはできなかった。

　ビジネスを拡大するもう1つの方法は、新しい市場セグメントまたは隣接する市場セグメントに参入することによって、参照可能な市場を拡大することである。「フォーカス」と深さに対して、さらなる奥行のジレンマに直面するときである。マイケル・ポーター（Michael Porter）が、この戦略は「するべきではないこと」についてであると言ったのは有名な話だ。1つまたは2つのフォーカスエリアに固定してスケールすることができれば、収益性の観点から、また選択したセグメントでリーダーシップを得るという観点からも優れている。ムー・シグマ（MuSigma）は、フォーカスされた分析専門会社——ダイラジ・ラジャラム（Dhiraj Rajaram）が問題解決企業として位置付けている会社——として優れた例である。一方、フォーカスすることは両刃の剣でもある。もし選択された市場が干上がったらどうするのか？

　マインドツリーのアショクの共同設立者がワルデンを通して彼に機会を与えたとき、彼らのビジネスプランはインターネットだけにフォーカスを当てていた。アショクは3つだけ変更を行った。そのうちの1つは、彼と他のチームメンバーがかなりの経験を積んだプロダクトエンジニア

リングを導入することだった。ドットコム景気が予告なくやってきたとき、それは新しい能力を開発するまでマインドツリーの主要な収益源となった。

「守りと心の安らぎ」を提供するワンアシストは、追加のセグメントを通じて市場の拡大ルートを効果的に選択した。プロモーターおよび共同創業者のガガン・メーニは、以前は「アシスタントサービス」ビジネスで別の会社にいた。彼は、業界における国際競争の大部分が、単一業界の1つの製品に集中していることに気が付いた。ワンアシスト創業の後、彼は2つの製品カテゴリーと3つの業界グループを含むような新製品群を発表した。また、携帯電話、財布などの持ち物から自宅に残したものにも適用範囲を拡大した。そのような拡張されたカバレッジは、ワンアシストのブランドと一致し、またサービスのクロスセールを通じて指数関数的に拡大した。

組織の規模を拡大するにつれて、自分ですべてを行うことができないことがよくわかってくる。あなたは、スタートアップのステージで、売る側か買い手側のどちらかでビジネスパートナーシップを開始したことがあるだろう。スケールアップのステージでは、パートナーシップはますます重要になる。パートナーシップはいろいろな明暗をもたらす。ほとんどの場合、あるパートナーが他のパートナーよりもはるかに大きいという意味で非対称である。スタートアップとして、あなたの会社はまだ小規模である。契約の相互主義を確保し、独占権に同意する必要がある場合は、それを、指定された収入目標が達成された場合にのみ保持されることを主張するよう努力する。知的財産権（IP）は、パートナーシップに役立つ別の領域である。はるかに大きな市場アクセスを持つ大規模なプレイヤーにとって興味のあるIPを開発した場合は、プレイヤーに「ホワイトラベル」アクセスを提供することができる。同様に、製品を販売する能力に限界がありながらも、新技術を開発する多くの活発な製品会社がある。そのような機会を探し、これらのIPへのアクセスを「ホワ

第6章　ビジネス戦略　117

イトラベル」ベースで行う必要がある。上流または下流の能力を有する企業とのパートナーシップは、市場への共同アプローチに非常に適している。例えば、ハッピエストマインドは、デジタル変換ソリューションの設計と導入において優れた能力を備えている。同じスペースのグローバルコンサルティング会社がハッピエストマインドとのパートナーシップに同意したとき、我々は歓喜した。実質的に、すべてのデジタル変換コンサルティング契約は、将来のソリューションのためのロードマップの特定につながり、その後、コンサルティング会社はしばしばインプリメンテーションに関与するよう招へいされた。したがって、彼らもエンドツーエンド製品をより多く市場に投入するためには、ハッピエストマインドのようなソリューションパートナーが必要だった。そのようなコンサルティング会社の多くは、大規模なソリューションプレイヤーとのパートナーシップに注意を払っている。したがって、あなたの会社の小ささは利点になりえる。我々の場合は、ハッピエストマインドを補完するすばらしいパートナーシップにつながった。

スケールアップのアプローチは、B2B企業かB2C企業かによって大きく異なる場合があるが、これらの主要な区別は、マーケティングに関する次の章でカバーする。ここでは、スケールアップが戦略的な決定を必要とするいくつかの点について解説する。

まず、今日のテクノロジーを活用して、製品を「プラットフォーム化」し、マーケットリーチを大幅に拡大する必要がある。「プラットフォーム」というコンセプトは、デジタル経済の領域において、バイヤーと売り手を結び付け、外部取引を促進し、製品をサービスとして提供できるようにするハードウェア／ソフトウェアの組み合わせである。ウーバーとアマゾンは、プラットフォーム上で活動する企業の例であり、その上で活動するeコマース企業が提供する市場でもある。プラットフォームは急速な成長をもたらし、毎年収入を得ることができる。プラットフォームは、B2BとB2Cの両方のビジネスにおいて同様に重要な役割を果たす。

プラットフォームのもう1つの非常に革新的な例はアドハー（Aadhaar）だ。アドハーはインドの住民にとって巨大なデータベースになった可能性がある。代わりに、ナンダン・ニレカニ（Nandan Nilekani）はオープンな拡張機能を備えたプラットフォームを作成した。これにより、多くのベンチャーが新しいビジネスや政府アプリケーションを作成することができた。

　B2Bビジネスでは、プラットフォーム以外にも、予測可能な収益をもたらし、販売コストを削減する、複数年契約などのソリューションが多くある。B2Cビジネスの場合、偉大なコンテンツ会社でありながらコンテンツを所有していないフェイスブックやユーチューブ（YouTube）など、寝ている間にお金を稼ぐことができるというすばらしいオプションがある。コンテンツは消費者から無料で提供される。

　収入達成目標に関連付けられた株式連動取引は、B2Bビジネス成長のための別の領域になる可能性があるが、これらは過度の投資で分裂するのを避けるため、慎重に定義する必要がある。インドのITサービス業界では、GEが3年契約とのセットで持ち株を提供したことで、インドのオフショアプレイヤーに年間数億ドルの資金をもたらした。業界は急速に成長しており、主要企業の時価総額はこの成長を反映したものである。全体的な効果は、GEがキャピタルゲインを通じ、行われた作業に対して支払われた相当額の支払いはとうに回収されているはずだ。

　アショクは、マインドツリー在職時代、当時世界最大の保険会社であるAIGと1件の株式連動取引を行ったことを覚えている。1つの大口顧客が別の大企業につながるというセオリーに基づいて、契約期間に2000万ドル相当の顧客を獲得する予定だった。したがって、マインドツリーは、事業の3期目に株式による報酬を収益に計上した。彼らにとって幸いなことに、AIGは立ち上がりで遅れたため、マインドツリーからAIGへの請求は500万〜800万ドルに過ぎず、マインドツリーはそれ以外の方法で分担した資本のわずかな部分しか割れなかった。次の2年間で口座

第6章　ビジネス戦略 | 119

は2000万ドルに成長し、それまでに獲得した株式は3年目の収益連動レベルで上限に達した。AIGの事業は成長を続け、数年にわたりマインドツリー最大のアカウントであった。他にいくつかの2000万ドル以上の口座が続き、取引の前提だった仮説が正当化された。

　スケールアップを話している間に、成長が制御不能にスピンしてはならないことに注意することの重要性について触れておく。持続不可能な成長の典型的な例はデカン・アヴィエーションで、この会社には指数関数的に飛行の遅延、手荷物の紛失、日常的混乱が付きまとっていた。キャプテン・ゴピナス（Captain Gopinath）は幸運なことに、ビジェイ・マリヤ（Vijay Mallya）のキングフィッシャー航空でバイヤーを見つけることができた。そのような場合にいつも起こるように、銀行に笑って行った唯一の人は売り手だった。

　さらに、スケールアップについて考える場合、ほとんどは収入についてである。しかし、スケールアップには、システム、組織能力、そして何よりも収益性が必要だ。適切な利益成長がない収入の伸びは、エゴを養うための虚栄心の表れである。

　スケールアップ中の収益性の維持または向上の重要性は、アマゾンとアリババの売り上げ、利益および評価の比較で見ることができる。次の表のデータは、アリババが公開された2014年9月期の四半期データである。

表2　アマゾンとアリババの比較

	アマゾン	アリババ
収入（10億ドル）	20.8	2.7
収益（100万ドル）	-437	494
市場評価額（10億ドル）	153.1	231.4

　アマゾンよりもはるかに小さく、より若い会社のアリババは、単に収益性のために業界リーダーよりも高い評価を得ることができた。他の場

合でも、あなたの会社の成功は、世界的企業が、あなたの会社が創造した市場に参入することを促進するのである。

　アショクはこのセクションを、ウィプロの会長であるアジム・プレムジとのフィードバックセッションについての記事でまとめる——。

> 　ウィプロのコンピュータビジネスは急速に成長していました。私たちはすでに収入が6桁のコンピュータ企業を追い抜いていました。私は急いで先行するHCLを克服し、ナンバーワンになりました（最終的には達成しました）。査定時に、プレムジは、CEOの1人が対売上税引き後利益（売り上げに対するPAT：Profit after tax）の1〜2％を提供してくれると私に教えてくれました。これについて考えながら、私は他のCEOの事業を実行していれば、現在のレベルよりも50％も成長していると答えました。プレムジはいいね！　とは言いませんでしたが、彼は心のこもった笑みを浮かべていました。いずれにせよ、彼はかなり収益性の点を強調していました。後で考えると、すさまじい成長に夢中になっていたときに収益性について思い起こすことの必要性を改めて認識しました。

巨大企業（ゴリラ）との競争

　起業家として、遅かれ早かれ、あなたは自社の業界にいるグローバルな巨大企業と競争しなければならないことに気付くだろう。あなたが最初にキャップジェミニなどの巨大企業に入るときに、これは起こるかもしれない。フリップカートやスナップディールのようなeコマースのプレイヤーも第2のカテゴリーに入る。大規模な電子商取引市場を創出した彼らの成功は、世界的リーダーであるアマゾンをインドに参入せしめ

第6章　ビジネス戦略　**121**

た。もう1つの例はカフェ・コーヒー・デイであり、すばらしい雰囲気の中でコーヒーを飲む文化を作ってスターバックスをインドに引き寄せた。フリップカート、スナップディール、そしてカフェ・コーヒー・デイ。あなたの市場に参入するグローバルリーダーの新しい挑戦に対応するために、これらの企業のどれがより良く機能しているかを後で見直す。

　巨大企業との競争を考えるとき、頭に浮かぶ最初のメタファーは柔道の戦略である。この戦略の誕生は、C.K. プラハラード（C.K.Prahalad）とギャリー・ハーメル（Gary Hamel）のハーバード・ビジネス・レビュー（Harvard Business Review）におけるセミナー記事にある。「競争革新は柔道のようなものである。ライバルを彼らのサイズの分だけ怒らせる」。それ以来、この原則は「デビッド・ヨフィー（David Yoffie）とメアリー・クアック（Mary Kwak）の柔道戦略」と呼ばれ、マルコム・グラッドウェル（Malcolm Gladwell）の『ダビデとゴリアテ（David and Goliath）』の著作にもつながっている。

　グラッドウェルの本のタイトルストーリーは、ゲームのルールを変えるという原則を示しており、これはダビデがしたことを指す。大きなプレイヤーの弱点を利用する必要性を強調し、相手の利点を欠点に変える方法を示している。デビッド・ヨフィーの著作は、柔道におけるいくつかの原則を取り上げ、ビジネスの中でこれらをどのように使用するかの例を示している。これらの著作物の前にも、ピーター・ドラッカーは著書『イノベーションと企業家精神（Innovation and Entrepreneurship)』に「起業家柔道」という言葉を使用していた。ドラッカーによれば、起業家に利用可能なすべての戦略のうち、起業家柔道は、最もリスクが低く、成功する可能性が最も高い、という。彼は、企業が成長するにつれて、すべての人がすべてのものを持つ傾向があることを指摘している。彼らは、すべてのセグメントに対応するため、何度も機能の追加を行い、彼らの製品に負担をかけている。新規参入者は、1つの（大）セグメントを選択し、自分のエントリーしたセグメントに必要なものを超えた、

単一の、追加機能を持たない競合製品を開発することを選択できる。ド
ラッカーが提案しているもう1つのアプローチは、他の市場リーダー企
業が守る気もなく前進する気もないような、橋頭堡を確保することであ
る。この原則は、インドのITサービス産業が混乱対策に採用したもので
あり、現在の1500億ドル市場の産業を発展させた基礎となった。輸出事
業は、オフショア・メインフレーム・サポート事業として開始された。
先行事業者たちは、市場全体からすれば小さな薄片のような新規参入者
たちのために彼らのビジネスモデルを妨害されたくなかった。しかし彼
らは、インドのIT産業がセグメント間を急速に移行していることにほと
んど気付かなかった。彼らが深刻な脅威に気付いたのは、200億ドルの
産業が創出されたときだった。彼らはオフショアリングを受け入れ、デ
フォルトモデルとなった。幸運なことに、このコスト優位性が損なわれ
たとしても、インドの産業は、プロセス品質と価値を提供するという評
判を確立し、市場シェアの継続的な増加を確実にする機会を与えられた。

　柔道戦略は強大な競合他社対応するための一般的なメタファーになっ
ているが、アショクは「タイ・チー思想」と呼ぶ、別の古代の規律に基
づいたメタファーを紹介したいと考えている。アショクは言う――。

　　ハッピエストマインドを創業した直後に、私たちは太極拳をウェ
　ルネスプログラムの一部として紹介することに決めました。私た
　ちはシーファー・ウェルネス（Seefar Wellness）のオファーを従業
　員に提供しました。シーファーは、インドのタイ・チーの先駆的
　施術家であるアヴィナッシュ・スブラマニアム（アヴィ：Avi）に
　よって率いられています。彼は自分の弟子たちから先生と呼ばれ、
　彼は最近、彼自身のシステムを開発し、武道の教練を許可され、
　世界的機関から宗家のタイトルを与えられました。ハッピエスト
　マインドチームとのディスカッションとデモで、アヴィは身長5
　フィート2インチ（157cm）で52kgのシニアトレーナープリア・ク

第6章　ビジネス戦略　123

ラスタ（Priya Crasta）を連れてきました。彼らはデモの一環として、私たちの社員の中で最も背が高く、強いチームがプリアを押し倒すように言いました。彼は全体重をかけて彼女を押し倒そうとしましたが、彼女は微動だにしませんでした。彼女はその後、私たちの他の社員に、彼を押し倒せるかどうか尋ねました。そして、ちょっと押しただけで、彼女は彼を後ろに下がらせました。タネも仕掛けもなく、すぐ目の前の近いところで起こったことを除けば、熟練した手品師によるトリックのようでした。私たちはシーファーに学ぶことに決め、私はまた個人的に、週に2日間、個人的な訓練のために彼らに自宅まで来てもらうことにし、今日もまだそれは続いています。私は、もし私たちが、プリアが自分よりも大きな「敵」を撃退した方法からいくつかの原則を学び取れれば、より大きな競争相手と戦う起業家にとって価値のあるものなのではないかとアヴィに尋ねました。この対話から、私はこの戦略を「タイ・チー（Tai Chi）思想」と呼ぶことにしました。

　タイ・チーは主に陰と陽のバランスをとったものであり、柔らかさが強さにつながります。陰は女性的で受動的な吸収エネルギーですが、陽は男性的で攻撃的で活動的なエネルギーです。タイ・チーの実践は、（風と一緒に動くような）柔軟性と根からの栄養に結び付く強さを組み合わせた木のようなものです。タイ・チーでは、柔道のように相手の力を使うだけでなく、自分の中でそれを吸収します。相手が強くあなたが引けば、対決や打ち合いの戦いがないことを示します。タイ・チーのもう1つの特徴は、瞬間的に柔らかさから硬さに、またはその逆に動く能力であり、ゆさぶりによって敵の弱点を感知し、いつ攻撃するかを直感的に知る能力です。タイ・チーの微動はまた、あなた自身を批判的に調べ、自分の弱点を評価することを可能にします。

> 　タイ・チーは、「動きの瞑想」とも言われています。この瞑想は、他の瞑想の恩恵に似ています。
>
> 　もちろん、私はタイ・チーについての説明を、起業家が適用できる原則だけを考えてお話しました。

　このセクションの冒頭で言及した4つの例に戻って、ゴリラとの競争にどう対処したか、またはそうすることの可能性について考察したい。

　マインドツリーとハッピエストマインドの創業時にはある共通の現象があった。我々は巨大な企業にとって招かれざる客だったが、彼らと交渉のテーブルについたとき、我々はしばしば勝利した。マルコム・グラッドウェルの『ダビデとゴリアテ』について、アイヴァン・アレグィン＝トフト（Ivan Arreguin-Toft）の研究によれば、強大国と小国間の戦争では、小国がゲリラや非戦術を用いた場合、小国の勝率は63.6％だったという。マインドツリーとハッピエストマインドの両方で、激しい競争下で失った以上のものを獲得したということは驚くべきことではない。私たちが頼りにしたゲリラ戦術には、プロジェクト全体に着手する前に、概念の証明や試作品の提供を提案するものがある。これはまた、すべての大規模なプレイヤーが弱点を持ち、これらが悪用される可能性があることも示している。

　いくつかの例を見てみよう。アドハーが世界で2番目に大きいデータベースを運営するエンジンを立ち上げるというプロジェクトを発表したとき、世界中の20社以上の大規模なプレイヤーが反応した。AIGの株式ディールについては、6社の大手企業が最初のコンペに入っていた。両方の案件で採用されたのはマインドツリーだった。数年後、米国の数十億ドル規模のとあるリテールカンパニーは、アップルのトレードショーのためにアプリケーション開発を急いで行う必要があった。最大規模のITプレイヤーのうちの4社はすでにパートナーであり、大きなビジネスを行っていた。ハッピエストマインドはパートナーのリストにすら入っ

第6章　ビジネス戦略　125

ていなかった。しかし、我々はその案件で採用された。数年してそのリテールカンパニーは我々の最大顧客となった。これらの取引を獲得するために使用された戦術には、柔道戦略とタイ・チー思想の考え方の多くが含まれていた。競合他社の普通の提案内容を相殺するような柔軟性、革新性、そして最高品質のパートナーシップである。上記のリテールカンパニーの案件はタイ・チー思想がうまくいった良い例である。我々はプロジェクトチームのプロフィールに柔軟性を示し、プロジェクトの、非常に厳しいスケジュールのコンペに出席することを約束した。我々は価格設定において（木の幹のように）厳しいため、優れた価値を提供する能力に自信を持っていた。また、大企業にとっては毎年、中規模企業のそれに相当するプロジェクトをこなさなければならないという株式市場の要求もあったのではないかと思われる。例えば、毎年15％の成長が見込まれる100億ドルの企業は、毎年中規模の企業に相当する1.5億ドルの新規事業を創出しなければならない。したがって、彼らはしばしば小さなプロトタイププロジェクトとして始まり、出力（収益）の比率を高めるための高いインプット（努力）を要求される取引の獲得に、心をこめない。

　フリップカートやスナップディール対アマゾンのような電子商取引プレイヤー、そしてカフェ・コーヒー・デイ対スターバックス（Starbucks）といったで最近のわかりやすい戦いについてもっと見てみよう。巨大な業界に取り組むという難題に対しては、カフェ・コーヒー・デイのほうが、電子商取引のプレイヤーよりも、はるかに優れていると感じている。後者は価格成長戦略として割引を使用している。その結果、彼らは重い累積損失を有し、現金持高も枯渇させている。いやはや、アマゾンは、十分なお金と幅広い品揃えで、いつでも値引きをすることができるという。それにもかかわらず、フリップカートは特にこれまではかなり良い状態を保ってきたが（そして他の企業も）、弾薬が足りなくなってきているのだろうか？

126　第6章　ビジネス戦略

対照的に、カフェ・コーヒー・デイ（CCD）を見てみよう。彼らはインド全域に1500店舗のネットワークを構築し、フランチャイズ化された配送拠点を何千も提供し、年間15億カップの紅茶とコーヒーを提供している。CCDの価格設定は価値相応で、合理的なマージンを提供しているが、スターバックスは世界のどこかのようなプレミアムプライシングモデルを導入している。しかし、インドは価格にとても敏感な巨大市場である。CCDはIPOを完了し、市場リーダーとしての将来の挑戦に向け防衛を強化するために、1150億ルピー（約1.7億ドル）を調達することができた。

　最後に、物理的なものではなくデジタルフットプリントに依存している産業間での相違点を見てみる。前者はスタートアップ時に素早く市場参入と拡大を可能にするが、新しい競争によって容易に複製される。物理的なフットプリントは構築に時間がかかり、初期の参入者はインフラストラクチャの価値が時間の経過と共に増加し続けるため、大きなコスト上の利点がある。これは、物理的な毛細血管のような広大なネットワークを構築し、そしてまさに今、デジタルプレイヤーとの競争に直面している銀行にとって、持続可能な利点ではないかもしれない。新しいバンキングプレイヤー（銀行）は、昔ながらの銀行が築き上げてきた支店網の資産を負債に転換させる（ダビデとゴリアテ戦略）。一方、毎日数百万のコーヒーを提供しているビジネスにとって、物理的インフラストラクチャは防衛策の難しさを突き付ける。

ピボット戦略

　ベンチャーキャピタルは、多くのベンチャーがオリジナルの事業計画を放棄し、開始した場所とはまったく異なる方向へと移動することが多いという。元の価値命題が機能しないことが明らかになったら、元のビジネスにリンクしているか、元のビジネスから引き出された新しい価値

第6章　ビジネス戦略　127

観を採用することが重要である。これが、起業家がよく言うピボットである。耐えるかピボットするかを決めるのには慎重思考が必要である。また、早期に現れる警報信号に敏感になる必要がある。ピボットしなければならないとしたら、手遅れになる前に実行しなければならない。創業者はしばしば元のアイデアについて情熱的かつ独占欲が強いため、感情は方程式に入れるべきではない。

　マインドツリーでは、当初インターネット用のシステムインテグレーターになることを目指した。ドットコムブームが続く間は、それは刺激的で楽しい日々だった。我々はCTP、サイエント、ヴィアント、サピエント（Sapient）などとよく競合した。当社の料金は、大規模なインドのITサービス・プレイヤーよりも約30〜50％高かった。頭を悩ましていたものは、すべてすぐに中断した。アショクは、エンタープライズリソースプランニング（ERP）、データウェアハウジング、さらにはメインフレームの存命でさえ、能力開発をしておかなければマインドツリーは他のプレイヤーと同じように見えると、同僚の上級幹部に言っていた。大規模なプレイヤーは、これらのセグメントで豊かな経験と多くの実績を持っていたため、これらの我が城のようなサービス分野でマインドツリーが選ばれる正当な理由を懸念していた。共同創設者の何人かの心には、これは自分たちがするべきことではないのではないかという、裏切ってしまったかのような感情が多くあった。しかし、元のビジネスが枯渇し、生き残るための選択肢が他になくなることに彼らも気付いた。したがって、マインドツリーはピボットへの道を歩み始めた。次の2年間は、彼らの疑念を確認したかのようだった。マインドツリーは毎年200万〜300万ドルの収益をわずかに上乗せするだけであったが、アショクは最終的に大きな結果を出すための新しい機能を追加していると確信していた。さまざまな分野で異なるアプローチが採用された。彼らはERPの事業を成長させるために苦労していた。インターネット分野での独占的パートナーであるボルボは、他のパートナーと組んでのERP採用を真剣に検討

128　第6章　ビジネス戦略

していた。その後、マインドツリーは、自社の40人ほどのニーズを補うためにデリーで80人規模の強力なERP会社を買収し、そのアカウントをキープさせた。これに他のERP採用を考える顧客が続いた。メインフレームについては、AIGとの株式取引により、アンカークライアントが得られ、セグメントの成長を促進した。データウェアハウジングと遠隔インフラ管理（RIM）は、不十分な地域および過小評価された地域の両方で、有機的に構築することができた。ピボット戦略に3年間を費やし、ようやく物事が動き始めた。転換から4年目（創業から6年目）には、統合された取り組みが成果を上げ、マインドツリーは5500万ドルから1億ドルに成長し、インドで最も早くITサービス会社として売上高1億ドルに到達した。

　すべてのピボットがうまくいったわけではない。場合によっては3〜4のピボットが必要なときもある。これは、ベンチャーキャピタルが自信を持って創業チームを信じている場合にのみ起きる可能性がある。

　シリコンバレーに拠点を置くベンチャーキャピタルであり、"愛の価値連鎖投資家"として知られているデイパック・カムラ（世界で最も人気のある出会い系サイトMatch.com、世界最大の結婚サービスサイトBharat Matrimony、世界最大のデートアプリケーション、Zoosh.comに投資しているためそう呼ばれている）は、1つの例を共有する。1995年、Match.comは、広告主がインターネットに移行することを想定して、「3行広告」のプラットフォームとしてカナンに売り込みをかけた。コンセプトは最初に1つのセグメントで証明されなければならないということで創業者と合意したので、彼らは開発を始めた。バーチャルの世界はより刺激的に発展した。急速にコモディティ化されたテクノロジープレイは、最初の電子商取引プレイとして終わった。

　エリック・リース（Eric Ries）は、彼の著作『リーンスタートアップ（無駄のないスタートアップの意：Lean Startup）』で、とりわけ、次のような種類のピボットを特定している。

- 機能が製品全体になるズームイン・ピボット
- 上記の逆になるズームアウト・ピボット
- 製品はよくできているが別の市場のニーズをより良く満たす必要がある顧客セグメント・ピボット
- 時としてまったく新しい製品を必要とするカスタマーニーズ・ピボット
- アプリケーションからプラットフォームへの変更、またはその逆の変更を伴うプラットフォーム・ピボット
- B2BをB2Cに変更すること、またはその逆の変更を伴うビジネスアーキテクチャ・ピボット

　ラジブ・シンによる2016年5月22日のエコノミック・タイムズの記事では、「ピボットが失敗を隠すために新しいイチジクの葉（彫刻などの陰部を隠す葉っぱ）になったかもしれない」と挑発的に問題提起している。一部の起業家によって、ピボットが追加の資金を調達するための策略として使用されているという取材記事である。驚くことではないが、複数のピボットを行ってこの記事に取り上げられた起業家は、ピボットの決定を守ることができる。同じ記事には、ユーチューブ、ペイパル（PayPal）、フリッカー（Flickr）、ツイッター（Twitter）など、世界的に最も成功したピボットのリストが掲載されている。これらの例だけではピボットは正当化されないが、戦略的な根拠がある状況が多いことが証明されている。ピボット戦略を採用するには、時間をかけた真剣な考察が必要である。第1章で与えられたアイデア検証のすべての分野は、ここに展開する必要がある。創業チームはこの新しいアプローチの背後に位置付けられる必要がある。そして決定が下されたら、あなたは全力で前に進む必要がある。

リスク軽減戦略

　すべてのビジネスはリスクに関するものであり、起業家であろうとなかろうと、すべての意思決定者はリスクテイカーである。それはテリトリーと共にある。我々は、起業家が排他的にリスクテイカーとして特徴付けられていることに困惑を隠せない。これは起業家のマッチョなイメージを作り出し、それがもたらす筋肉の感覚は、過度の、時には不必要なリスクを引き起こす可能性がある。我々の見解では、すべての起業家の仕事はリスクの最小化であり、すべての戦略的決定にはリスクが伴うことを認識している。

　このセクションでは、IPO文書に記載されている種類のリスク、例えばコンプライアンスリスク、人材リスク、セキュリティリスク、不正リスクなど企業がそれを守るためにプログラム、プロセス、チェックバランス機能などを用意しているリスクについては言及しない。また、あなたがコントロールできない外部の出来事のために発生するリスクについても言及をさける。ますます不確実になる世界では、そのようなイベントがいつどこで発生するかを予測することはほとんど不可能である。例えば、9.11、リーマンショックを予測した人がいるだろうか。または狂気のような原油価格上昇の直後にいつ急落が起こるのか？　誰かが簡潔に言うとおり、あなたのビジネスに影響を与えるような、4〜5年周期（またはそれ以下）に発生する確率の低いイベントのうちの1つが発生する可能性は高いと予測できる。最も簡単で効果的なアプローチは、すべてのリスクを収益に劇的な影響を与えるものとコスト構造を大幅に高めるものの2つのカテゴリーに分類することである。各カテゴリーについて、可能なアクションのリストを作成しておこう。もしそのような外部イベントが発生したら、アクションプランを検証し、微調整し、急いで動かす。

　このセクションでの我々のアプローチは、戦略的決定に起因するリスクに焦点を当てることだ。我々はさらに、これらを「不履行と履行の罪」

として分類することができる。最初のカテゴリーの人々は、わからないものがわからないので、予想することがより困難だ。変化は世界中で加速し続ける速度で起きている。今日の破壊者は明日の被破壊者（disruptee）になる可能性がある（言葉が英語の辞書には存在しないので謝るが、意味はわかると思う）。不履行の罪の最も一般的な原因は、技術のブレークスルーがビジネスモデルをどのように変える可能性があるのか、競合が新しい情報源と異なる業界から出現したときにそれを見逃していることにある。

「銀行がテクノロジー企業からの挑戦を阻止する方法」という記事でSneha Jha（エコノミック・タイムズ、2015年12月15日）は、インドで最も成功した銀行業の起業家の1人であるウダイ・コタック（Uday Kotak）の取材に対し、「私は非常に挑戦的です。私は毎晩不思議に思っていますが、翌朝にまだ銀行を持っているだろうか、銀行を必要としないテクノロジー会社が銀行業務をしているだろうか？」と答えている。これは、不履行の罪を避けるために必要なタイプの妄想である。銀行業界で起こった変化を見れば、ウダイの妄想が正しかったと言えるだろう。同じような破壊は多くの他の業界でも起きている。しかし、ビジネスを混乱させようとしている指導者は、こうした変化を逃して混乱しているのである。解決策？　おそらく、2つの部分からなるアプローチがある。1つはそのような変化のために周囲を継続的にスキャンするグループを作成すること、そして必要が感じられた場合、そのような変化を予測して監視する業界のコンサルタントを雇うこと、である。しかし、より重要なのは、トップマネジメントの考え方で、ビジネスの実行から時間をかけて、そのような変更の影響を検討し、社会化することである。

履行の罪の第2のカテゴリーは、我々が述べたように、識別が容易である。ここでの1つの原則は、企業に重大な損害を与えたり、その存在を脅かす可能性のあることがわかったら、決定を正し、中止することである。一例として、アショクが責任を負い、重く批判された決定につい

132 | 第6章　ビジネス戦略

て話したいと思う——。

　2010年、マインドツリーのIPOから数年後、京セラのキャプティブ開発センターを買収する機会が私たちにもたらされました。偶然にも、このセンターは、バンガロールの美しいグローバルビレッジにあった私たちの主要な開発センターに隣接していました。このキャプティブセンターは、京セラの電話ビジネス用の電話機の設計に使用され、他の京セラが実行中だったプロジェクトのエンジニアリング業務も行っていました。私たちは、これを新しいコミュニケーションエンジニアリング能力を補完するものと見て、新しい顧客基盤を開く可能性を見出しました。同社には優れた設備と実験室があり、今後3年間に京セラから2000万ドルの設計サービス収益を得ることも可能でした。当社は550万ドルで落札しました。もしそこでやめていたのであれば、たった2年間のサービス収入を犠牲にして極度にリスクの低い買い物であったでしょう。しかし、交渉が進行中であっても、私たちが獲得しようとしていた現地の京セラチームは、彼らが設計した電話機を私たちに売り込んできました。それらはなかなかのものでした。彼らはまた、ソーシャルメディア世代のニーズにフォーカスした、スマートフォンのための興味深いデザインアイデアを私たちに売り込んで来ました。京セラ・インディアのサマルサ・ナガブシャラム（Samartha Nagabhushanam）CEOは、サービスの設計に限定する必要はなく、完全な電話機を設計することは可能だが、もはやインハウスのバイヤーのためのデザインはしません、と言ってきました。私たちは、その携帯電話が、そのブランドの下で大手電気通信会社にOEMベースで供給される可能性を議論しました。最終的なテストと品質保証を除いて、中国に製造委託しました。私の印象では、ブランド構築、流通、製造への投資を避けることで、プロジェクトの

第6章　ビジネス戦略　133

リスクを十分に軽減できたと思いました。そこで、我々は、提案を取締役会に提出することを決定しました。私たちには非常に優秀な取締役がいましたが（世界の二大電話メーカーのビジネスを研究した1人を含む）、一言の異議もなく承認されました。彼らは私がこのプロジェクトについて個人的に熱狂していることを見ていた可能性がありました。他の人たちがあなたの推薦に常に従う限り、成功記録を残す危険があります。懸念を表明した唯一の取締役はリップ・ブー・タンでしたが、彼は取締役会の日までに退職していました。私が彼とアメリカで会うまでに、死はすでに運命付けられていました。

　約6か月がたち、私たちはすでに電話機の設計を開始していました。世界をリードする電気通信会社の1社が、一見したところで興味を示し、製品のテストを開始しました。我々は協力するための契約書案を受け取りました。私たちは電話機の設計についてすべて知っていたつもりでしたが、マーケティングについては何も知らなかったことに気付きました。OEMベースで電話機を供給することで、在庫が確定注文ではないので、在庫リスクを回避していると考えていました。正式な契約書は非常に一方的なものでした。例えば、1つの条項には、未売却在庫を買い戻す必要があると定められていました。価格が急激に下落する業界で、プライベートブランド製品の売上リターンではどうするのでしょうか？　私の上級幹部のうちの何人かが事業のシャットダウンを叫び始めました。私は主要な通信会社からのテストレポートが私たちに届くまで、さらに6週間待ちました。彼らは製品を気に入ってくれましたが、2点の設計変更が必要でした。私は、追加の設計努力がそれに値するものではなく、プロジェクトが危険すぎると結論付けました。そこで私は、彼らが提案を承認したのと同じくらい速く

受け入れた、シャットダウンの提案を取締役会に提出しました。

　私たちは、その後数年間でサービス収入を上回るマージンによって相殺された不運によって約800万ドルを失いました。もちろん、800万ドルを払うことなくサービス収益を得ることもできたはずです。それまでにマインドツリーは毎年約5000万ドルの現金収入を稼ぎ出していました。私たちは会社生命を賭けるような大事業を始める前にうまく止めることができましたが、その年に失った金額は重要であり、株価に深刻な影響を与えました。財務状況が改善されていたとしても、私はその後、買収戦略に関する次のセクションで説明するいくつかの理由に基づき、そのプロジェクトが失敗することになると気付きました。

　私たちの意思決定がどのようにしてチャレンジされ、押し戻され、そして意見の相違があったかを振り返って検証してみます。決定が正しかったか失敗だったかではなく、将来のものの見方の角度から、これを理解することはより重要であると感じました。

　以下が私の気づきです。

・第1に、プロジェクトの承認プロセスが逆転していました。通常、ビジネスユニット（BU）または業界団体（IG）またはM＆Aチームは戦略的意思決定を必要とする提案を提出します。多くの実行不可能なアイデアは、そのレベルで排除され、わずかしか私の机に到達しませんでした。ここで買収の提案はBUを通じて私に伝えられましたが、市場向けの電話機の設計／製造の考え方は、京セラ・チームによってBUの幹部と私自身に並行して伝達されました。私たちはどちらも製造のバックグラウンドを持っていましたが、電話プロジェクトは私たちのルーツに戻るようなもので

第6章　ビジネス戦略　135

した。

・私は意思決定の過程で自分の頭、心、直感を顧みず、あまりにも早く私の興味をプロジェクトに示してしまいました。

・社内の取締役会は、私とは別の3人で構成されていました。そのうちの2人は、キャンパスでの選考以降、ウィプロで私と一緒にキャリアを始めました。おそらく私は彼らのキャリア成長と成功の実績のために彼らを導いてきたので、彼らは私に滅多に異なる意見を表明せず、懸念を述べることはありませんでした。この暗示的な裏書は、それまでの私のキャリアに大きな失敗をもたらさなかったので、私はそれを誇りに感じていました。社内の役員とは別に、私たちのコンプライアンス部会は、すばらしい支持を得ている2社のベンチャーキャピタルから構成されていましたが、私の2人の同僚のように、「君の決めたことは何でもすばらしいに決まっている」と言っていました。外部の取締役会は本当に優秀でした。そのうち2人は製造業のバックグラウンドを持ち、1人はグローバル電話ビジネスを非常によく理解していました。他の人たちと一緒に、彼らはおそらく市場規模を見て、インドの誰かが電話を作ることができれば、それは私たち、京セラチームを率いるチームだったという意見も共有しました。

　それでは、これからどうするべきでしょうか？

・私は、意思決定プロセスが早すぎたり、提案にチャレンジする人がいなければ決定をせず、暗黙の了解を与えたりせずに私の本来の役割に徹することを約束します。

・もし私が、グループ内ですら「グループの考え方」があまりにも多くあると感じたら、私は悪魔の主張者のチームを作ります。こ

136 第6章 ビジネス戦略

れが意思決定の変更につながらなくても、その行動は潜在的なリスクを投げ捨て、リスク軽減戦略の作成を前もって可能にするでしょう。

買収戦略

　成長戦略の一環として、あなたは遅かれ早かれ、買収に着手したいと考える。しかし、買収は規模拡大のためだけに行うべきではない。あなたはまず、買収がどのような戦略目標を達成するのに役立つかを明確にする必要がある。以下の点を検討するべきである。

•新しい活発な顧客層へのアクセス
•新しい市場セグメントまたは地理的新市場へのアクセス
•オファリングまたはセグメントにおける最大質量またはリーダーシップの存在
•新しいドメインの知識、垂直または水平
•知的財産権の獲得
•マインドツリーによる　ERP企業買収のような基盤を守るための防御戦略
•補足機能

　対象企業がこれらの目標のいくつかを達成すれば、それは大きなチャンスである。
　買収目標は、あなたの会社と同等以上に成長している市場にあることを勧める。そうでない場合は、買収によって成長率が低下する。これは、会社成長の初期段階では望まれない。マインドツリーによるIBM iSeriesに焦点を当てた会社、Line（LINEではなく）の買収は、成長の遅い市場

第6章　ビジネス戦略 | 137

であるためこの基準を満たさなかったが、補完的な機能を提供した。マインドツリーのIBM関連事業は、メインフレームだけにフォーカスしていた。Lineの参加でその分野はさらに強化された。幸運なことに、この段階のマインドツリーは年率60％で成長していたが、Lineはかなり小規模だったため、マインドツリーの成長率にほとんど影響を与えなかった。

　また、損失を被っている企業を買収することにも注意する必要がある。スタートアップとして、あなたは現金を倹約して保全する必要がある。また、前述の「次のラウンドまでの時間」の原則を忘れずに。

　マインドツリーのIPO直後、マインドツリーによる2009年のアズテックソフト（Aztecsoft）買収は、理想的な買収の一例である。アズテックソフトには、製品エンジニアリングサービス（PES）とテストサービスという2つのビジネスラインがあった。アズテックソフトのPES事業は、ソフトウェアおよび独立系ソフトウェアベンダー（ISV）に重点を置いていた。マインドツリーのPES事業は、ハードウェア、組み込みシステム、および通信に特化している。したがって、アズテックソフトはすばらしい補完能力をもたらした。テストサービスでは別途、両社のチームサイズはそれぞれ1000人規模だったが、専門分野は異なっていた。まとめると、この共同チームは、当時のインドのIT業界において最も急速に成長しているサービス分野の1つになった。

　アズテックソフトはまた、マイクロソフトに2000万ドル以上の売り上げになるアカウントを持っていた。マインドツリーの小規模なマイクロソフトのビジネスに加えて、すぐにこれはマインドツリーの最大のアカウントとなり、現在、マインドツリーのマイクロソフト・アカウントは約1億ドルに達する。アズテックソフトは収益性の高い会社だったが、マインドツリーは非常にリーズナブルな価格で買収した。これには、景気後退が始まる前に世界経済が減速していたことと、ソフトウェア産業が長年にわたって最も低い成長率を経験していたことがある。

　M＆Aの成功と失敗の理由については、多くのことが書かれている。

138 ｜ 第6章　ビジネス戦略

見過ごされがちな2つの点は、ビジネスリズム／モデルと文化的な互換性である。マインドツリーによる京セラ・キャプティブセンターの買収の場合を考えてみよう。プロダクトビジネスのビジネスモデルは、失敗の危険性が非常に高い先行投資と成功した場合には多額の支払いを必要とする。ITサービス事業は、インスタントグラティフィケーション（即座の満足に対応する）ビジネスである。アカウントを取れば、かなり予測可能な基準で毎月支払いを受け、増え続ける収入と商品を生み出す。我々は、製品とサービス企業の間に大きな文化的差異があることを一般化したくない気持ちもあるが、確かに京セラとマインドツリーの間には大きな違いがあった。京セラチームのシニアメンバーは、サービス部門のメンバーに比べて優秀な人種であると考えていた。この態度は徐々に下方に向かい、サービス事業は製品投資に資本投下していたため、多くの憤慨が親会社で築かれていた。旧来の京セラチームが必要としていたサポートは、控えめに、かつ慎重に行われた。アショクが時折介入しようとしたことは（マインドツリーが独自の投資を保護していたため）、新しいチームを支持するものと受け取られた。製品開発投資が損失をもたらし、マインドツリーの業績に影響を与えたため、株価は下落し、怒りに憤慨した。アショクが得た教訓は、同じ企業の傘の下でこのような異なるリズムのビジネスを組み合わせたり、異種の文化に適応したりするべきではないということであった。これは、インフォシスが主力会社（CoreCo）から製品ラインをEdgeVerve（NewCo）に移した理由と同じである。アショクが以前に述べたように、電話の設計が承認されたとしても、買収は成功しなかったと言える。文化的なミスマッチは、製品プロジェクトをシャットダウンするという決定を急がせただけだった。

　買収取引を構成するための最後のアドバイスをする。最初にベンチャーキャピタルに提出した計画に立ち返って考え直そう。彼らはおそらく野心的な、膨らまされていない場合、数字を提示したはずである。同様に、ターゲット企業は、野心的な収益と利益予測に基づいて、買収されるた

めに適した、評価のための数字を作成するだろう。買収を処理する最善の方法は、計画された数字を満たすことを前提とした総額の約40％を、3年間の分割払い（アーンアウト）で行うことだ。

　注意書きでこの章を終えよう。すべての戦略はその履行と同じくらい重要である。これは、この章の冒頭に引用した孫子の言葉のように見えるかもしれない。しかし、G.K. チェスタートン（G.K. Chesterton）が言ったように、「これを含め、すべての一般化は真実ではない」。もちろん、戦略は重要である。ブロックから抜け出すだけでない。我々が見てきたように、あなたの会社のライフサイクルすべてを通じて、戦略は重要なのである。しかるに、詳細な計画とすばらしい履行が要求される。良い履行は、3年または5年のビジョンから前に向かって考えることから始まる。これにより、戦略目標を達成するための行動のロードマップが得られる。

要点

● スタートアップ戦略、スケールアップ戦略、大規模企業（ゴリラ）との競争戦略、ピボット戦略、リスク低減戦略、買収戦略など、継続的な戦略が必要である。あなたの会社のあらゆる変曲点や外部からの大きな変化の影響を考慮して、ビジネス戦略を再検討する必要がある。

● スタートアップ段階では、創業時に行ったすべての前提を自問し、検証することが重要である。

● 価格は戦略ではない。それは無益な努力だ。市場での低価格政策は、コストが低い場合にのみ正当化され、健康的なマージンを維持することができる。

● スケールアップ段階で直面する基本的なジレンマは、従来のビジネスにフォーカスすることと新しい製品やサービスの追加の比較で起きる。1つのセグメントにフォーカスすると、大きな市場であれば、選択した地域で高い収益性でリーダーシップを発揮するのに役立つ。しかし、

ニッチ事業へのフォーカスは、市場が変化し、フォーカス領域が枯渇する可能性があるため、独自の危険を伴う。

●パートナーシップはスケールアップ段階で非常に重要である。パートナーが大きく成長する可能性が高いため、不均衡性があなたの会社に害にならないことを確認しよう。

●上流または下流工程の企業とのパートナーシップは、より多くのエンドツーエンドのソリューションを提供することによって相乗的であり、共同して市場に出るアプローチを提供する可能性が非常に高い。

●IP（知的財産権）製品はパートナーシップに役立つ。大企業にIPをホワイトラベルで提供したり、他のスタートアップや中小企業にホワイトラベルIPラベルを提供したりすることができる。いずれの場合も目的は市場の拡大である。

●ビジネスのプラットフォーム化は、B2BおよびB2C市場の両方で使えるすばらしいツールである。B2Bでは、投資契約を複数年契約の形で行うことができる。B2Cでは、リーチを拡大して顧客獲得コストを削減するのに役立つ。プラットフォームはあなたが寝ている間にも売り上げをはじき出す。

●収入達成目標に関連する株式連動取引もまた、B2Bビジネスの成長を促進させる方法である。取引は、例えば3年という歳月をかけて慎重に構成され、また取得株式の上限が設定されている必要がある。同じアカウントからの将来の収益増加は追加の資本を必要としない。

●スケールアップは管理しやすく、スピードが速すぎて制御不能になってはならない。

●スケールアップは単に収入を増やすだけのものではない。それには、システム、組織能力、そして何よりも、収益性が担保されていなければならない。

●巨大企業と競合するために、最初のメタファーは、柔道戦略であり、それによりあなたの競争相手は自分のサイズがゆえに動揺する。

第6章　ビジネス戦略　141

- もう1つのメタファーはタイ・チー思想である。タイ・チーは柔らかさから強さを引き出し、瞬間的に柔から硬さへ、またはその逆へと変化する。適切なタイ・チーの類推は、それが風と一緒に動くときの柔軟性とその根の栄養から受ける力とを組み合わせた木のようなものである。

- 研究によれば、小規模な軍隊は、ゲリラ戦術または非戦術を用いて10倍の敵の63.6％を敗北させる。巨大企業にはいずれも弱点がある。それぞれの状況で、大きなプレイヤーの弱点を見つけ、これらを活用するための適切な戦術を開発する必要がある。これは、マインドツリーとハッピエストマインドの両方の経験から成り立っている。両社は、巨大企業と競争したときに失った以上のものを獲得している。

- 市場に参入している巨大企業と競合するために、事前に構築された物理的なインフラストラクチャは、新しいインフラストラクチャが迅速に複製または改善できるデジタルのインフラストラクチャよりも優れた防御となる。

- オリジナルの価値前提が必ずしも成功しないことが明らかな場合は、ピボットを選択する準備ができている必要がある。ピボットするには、早すぎるというタイミング以前に行動できるように早期警戒システムを用意しておく必要がある。さまざまな種類のピボットアプローチがあり、どのタイプが最適かを評価する必要がある。

- すべてのビジネスにリスクはつきものである。起業家だけをリスクテイカーとして特徴付けることは賢明ではない。実際、起業家の役割はリスクを最小限に抑えることである。

- 戦略的決定に起因するリスクは、「不履行と履行の罪」として分類することができる。

- 今日の破壊者は明日の被破壊者である。これは、まったく異なる業界から出てくる競合に気づかないときに最も頻繁に起こる。

- 主要な戦略的決定を下す前に、建設的な批判と議論が十分に行われて

いるかどうかを確認しよう。あまりにも多くの「グループ思考」があった場合は、「悪魔の提唱者」チームを任命してその提案を検討しよう。

●買収はスケールアップのためだけにあるのではない。新しい市場セグメントへのアクセス、新しい地理的市場、新しいドメイン、知的財産権の取得など、1つ以上の戦略目標を達成する必要がある。

●成長著しい市場での買収によって、自社の成長率が低下することはない。

●損失を被った企業は資金を節約するために、買収を避けよう。

●多くの買収失敗例は文化的な互換性の無さに起因する。

●2～3年にわたる分割払いによって買収取引を構成することが好ましい。

●すべての戦略はその履行と同じくらい重要である。良い履行は、3年または5年のビジョンから逆算して、行動のロードマップを描くことを必要とする。

第7章　マーケティング戦略

「マーケティングはとても重要なので、マーケティング部だけに任せてはおけない。」

デビッド・パッカード

　近年、デジタル技術やソーシャルメディアの登場により、マーケティングほど劇的に変化した機能はほとんどない。デビッド・パッカード（David Packard）のコメントは、この文脈にある。マーケティング部門に関する否定的な陳述ではなく、ブランドストーリーに貢献するためには会社のすべての部分がどのように集結しなければならないか。これを実現する上でのビジネスリーダーシップの役割について積極的にまとめなければならない。

　マーケティングの課題とアプローチは、B2BかB2Cかで大きく異なる。これらの各カテゴリーにおけるマーケティングにも大きな違いがあるが、多くの類似点もある（後述するが、B2B2Cにはあまり理解されていないカテゴリーもある）。前章同様、3つのB2Bビジネス（ウィプロ、マインドツリー、ハッピエストマインド）を構築したアショクの経験と、これらの企業のB2C顧客のベストプラクティスを中心に説明する。共通の原則論から始めよう。

B2BモデルとB2Cモデルに共通するマーケティング原則

ブランドの構築
　マーケティングの基本的な任務の1つは、企業のブランドを構築し、企

業の行動がブランドと一貫していることを確認することである。ブランドには、マーケットブランドとサプライサイドブランドという2つの主要な要素がある。後者は、人材を引き付けて保持するためのものだ。ブランドイメージは、両方に一貫性があるか、または相補的でなければならない。ブランドは、ビジネス戦略のように、会社の使命、ビジョン、価値観に合致していなければならない。

　ブランディングは社名から始まる。フリップカート、スナップディール、アマゾン、アリババ、ペイティーエム（Paytm）などのコンシューマー企業は、一般的にB2B企業と比較して、より良い仕事をしている。多くのB2B企業は退屈で珍しい名前を持っているが、非常に強力で、企業の強みがブランディングに表れている。例には、IBM、GE、HCL、TCSなどがある。マインドツリーおよびハッピエストマインド──共にアショクが共同設立した会社──は、ストーリーテリングと記憶力を高めるための興味深い名前を持っている。マインドツリーはマニオ・ヴリクシャ（Manio vriksha：瞑想の木）としてウパニシャッド（Upanishads：ヒンドゥー教の奥義書）に登場する。心に由来し、それに触れる人々のための、永遠の知性の源を意味する。ハッピエストマインドについては、すでに前章でその名前が使命、ビジョン、価値観とどのように密接に結び付いているかについて議論している。アショクは訪問客との話し合いを覚えている。彼は妻に、その日、ハッピエストマインドと呼ばれる会社と会う予定だったと話していたという。「なんて素敵なの？　私が入りたいわ」と彼女は言っていたという。我々がインフォテックになんらかのアドオンと名付けられていたなら、そのような会話はあっただろうか？ベストパブリシティは無料のパブリシティ

　第三者があなたやあなたの会社について肯定的なことを言ったり書き込んだりすると、有料広告で言うことよりもずっと信頼性が高くなる。

第7章　マーケティング戦略　145

あなたが得る無料の広報には、評判の高い雑誌や論文、サードパーティのブログ、ソーシャルメディアに関するリファレンスやレーティング、お客様の声に有名なジャーナリストによる記事などがある。サードパーティのリファレンスは自分の宣言よりも信頼性が高いと言えるが、これらの自己作成のステートメントもコンテンツが動かす世界で重要な役割を果たしている。あなたのチームは、主要な業界や業界特有のメディアに加えて、主要な経済市場や日刊新聞に掲載するための記事を提供することによって、あなたの専門知識と能力を投影する必要がある。リンクトインは、あなたに世界的なカバレッジを提供する「Pulse」という見出しの短い記事を掲載し始めた。

　無料のカバレッジを通じて膨大な価値を得るには、自分自身を興味深い人物として投影する必要がある。アショクが知っているすべての人の中で、最高のPR価値を無料で得ることができているのは、スブロト・バグチである。マインドツリーを創業してから数か月のうちに、同社は「ウォールストリート・ジャーナル（Wall Street Journal）」と「ニューヨーク・タイムズ（New York Times）」に掲載された。ウォールストリート・ジャーナルは、ウィプロをリードしていた人物が、なぜ好奇心を抱いてニッチなITサービス企業を始めたのかを知るために、より多くの好奇心が呼び起こされた。ニューヨーク・タイムズのカバレッジは、マインドツリーの開発施設に立つスブロトとアショクの写真と共に、マインドツリーを「インドの新しいソフトウェア企業の一種」と位置付けた。カルナータカ州のスパスティックス・ソサエティ（Spastics Society：チャリティ団体）の子供たちが作成した非常にカラフルな絵の爆発的表現で、すべての施設の壁を覆うというアイデアは、スブロトによって推進された。すべての社内イベントがPRに使われた。例えばマインドツリーの10周年記念は、10人の創業者が10年間一緒に過ごした経緯について書いた、一連の記事につながった。また、物語作家で脚本家でもあるスブロトは、主要ビジネス誌に掲載された「メイキング・オブ・マインドツ

146　第7章　マーケティング戦略

リー」を含む多くの記事を書いている。

　ハッピエストマインドがスタートしたとき、「幸福」のテーマとメッセージがすぐに注目を集め、非常に早い段階でブランド認知につながった。我々のIP（知的財産）とデジタル変換ソリューションを進化させたことで、我々のマーケティングチーム（サリール・ゴディカが率いる3人だけのチーム）は、これらの開発をさまざまなメディアに取り上げさせるといった、すばらしい仕事をした。まもなく我々は、小売、分析、デジタル変換、そしてもちろん幸福を含む私たちの能力について、検索エンジン上に複数のトップリストを積み上げた。これらのランキングは時々変わる傾向があるので、決して現状に満足していてはいけないが、これらすべての点で最も喜ばしかったのは、ウェブサイトを通じて複数のビジネスリードを受け取り始めたことだ。しかもそのうちのいくつかは、後に最大顧客に成長した。

　ブランドの視覚的なシンボルであるロゴの制作にしても、高額を投資する必要はない。マインドツリーでは、スパスティックス・ソサエティの子供たちに会社のDNA「イマジネーション、行動、そして楽しみ（Imagination、Action and Joy）」の解釈を提出するように促してロゴをデザインした。ハッピエストマインドのロゴは、ニュージャージー州コグニザントの専門家によるクラウドソースによる取り組みで、優秀なデザインを募集した。

　あまり多くのマーケティング費用をかけずにブランドを構築することは、B2B企業に対してのみ可能であると感じるかもしれない。だが、そうではない。米国市場でブランドを確立したB2C企業の一例である、チュータービスタはブランド認知度を達成するためにほとんどお金をかけていない。彼らのターゲット市場はソーシャルメディアに精通した世代であり、これらのチャネルが効果的に活用された。

　顧客のリファレンスは、ブランド構築の非常に強力な無償の源である。ハッピエストマインドのマーケティング部門は、この重要性を認識して、

第7章　マーケティング戦略　147

顧客の声を1つの画面にまとめるのではなく、ウェブサイト全体に配布することに決めた。これらがすべて一緒だった場合、最初の2つが読まれるかもしれないが、その後はちらっと見るだけで終わるかもしれない。特定のストーリーを強調している人気の体験談は、あなたがBingやグーグルを見ているときにポップアップする有料広告よりもずっと効果的だ。これは、そのような広告の重要性を評価しないということではない。 彼らはターゲットオーディエンスに直接アクセスし、比較的安価でもある。

　まとめるに際して、アショクの言葉を引用しよう――。

　　　マインドツリー時代、スブロトは（非常に大きな声で）文句を言うことを止めず、私は彼が実施しなければならなかったマーケティング予算のうち、わずかしか承認しませんでした。振り返ってみると、タイトな予算アプローチが彼の創造性のベストを引き出したということを彼が感謝するだろうことを私は希望しています。私の見解では、運任せで乱射する広告やマーケティングキャンペーンに多額の資金が配備されているB2Cの世界でも、すべてのマーケティング予算を引き締めることをお勧めします。

デジタル市場でのマーケティング

　近年、マーケティングほどビジネス環境が変化している分野が他にないことは、すでに述べた。我々は、誰もが相互に接続されたデジタル世界に住んでいる。この世界では、パーミッションマーケティングのようなコンセプトは自然死している。代わりに、近接マーケティング、予測マーケティング、コンテキスト認識マーケティングなどがあり、その結果、我々は常につながりを持っている。組織は、これらの新しい力を注意深く身につけることが重要である。これらの力を開発することは明らかにB2Cビジネスにとってより重要だが、B2B企業は自らの責任におい

てそれらを無視することが多い。ハッピエストマインドはまだ新興企業だが、4年目にはアナリストコネクト、CXO、PRカバレッジを含む2000件以上のデジタル接続があった。これにはフェイスブック、グーグル・プラス、リンクトイン、ツイッターなどのソーシャルメディアサイトの訪問者、ページへのいいね！およびフォロワーは含まれていない。大きな競合他社に比べてはるかに不満足な状況である。

信頼の形成

　顧客との信頼関係を構築することは、B2BとB2Cの両方のビジネスにとって共通の重要な領域である。もちろん、組織はまず信頼できる方法で行動し、その後、「信頼」があなたの会社に強く関連する重要なブランド属性になるようにメッセージを伝えなければならない。

　アショクは、ヴェリンカール経営開発研究所のMBA研修生であるブーミカ（Bhoomika）に尋ねた。彼女がオンラインショッピングのためによくeコマースサイトを利用していたからだ。彼女の回答は、彼女が訪れたすべてのサイトが、取引、クロスセリングオプション、新商品などについての情報を送信するなど構造がほとんど同じであるということだった。しかし、彼女は1つの特定のサイト、フリップカートから購入することを好んだ。さらに聞いてみると、彼女はこのサイトを最も信頼していると答えた。ほとんどの電子商取引企業は、取引の約99％を霧散させている。違いを生む1％の例外にどう対応するのか、である。ブーミカの好きなサイトの広告は、簡単に返品できることにフォーカスしている。彼女自身、これが正しいことを経験で確認している。したがって、そこにフリップカートのコンダクトによって、広告の主張に一致する信頼が築かれているのだ。そのサイトの広告のもう1つのプラス要因は、ごく一般的な消費者のイメージのある人物を使っていることであり、映画スターやクリケットプレイヤー、そしてそれぞれ約20のブランドを推薦する人を起用した広告よりも、はるかに信頼性が高いということである。

第7章　マーケティング戦略　149

信頼はB2Bのビジネス領域においてさらに大きな役割を果たしているが、これについてはB2Bマーケティングのセクションで詳しく説明する。

プラットフォーム化

　前の章で説明したように、新しいデジタルテクノロジーと低コストの通信帯域幅の可用性によって、製品のプラットフォーム化が可能になった。B2Bスペースでは、プラットフォームを使用してSaaS（ソフトウェア・アズ・ア・サービス）モデルでサービスを提供し、定期的な収益の流れを提供する。また、さまざまな業界のニーズに応じて基本プラットフォームをカスタマイズすることも可能だ。B2C空間では、プラットフォームはリーチとスケーラビリティを提供し、顧客体験を向上させる。

パートナープログラムの活用

　マーケティングのための安価で効果的なアプローチは、大規模なパートナーの市場投入プログラムを活用することである。インテルは、顧客である企業がポートフォリオ企業の最新ソリューションにアクセスできるように業界全体のトレードショーを開催している。マイクロソフトでは、多くのスタートアップや企業のためのマッチメーカーを育成するアクセラレーター（Accelerator）プログラムを提供しており、大手パートナーのプログラムを活用するために製品開発や調整に役立つこともある。このようなプログラムは、ほとんどのスタートアップにおいてエンタープライズ顧客にアクセスするという最大の問題に取り組んでおり、評価できる。ハッピエストマインドは幅広い企業との関係を持っていたが、これらのプログラムからも大きな恩恵を受けた。

B2Cマーケティング

　B2CマーケティングとB2Bマーケティングとの本質的な違いは、後者

がスタートアップ後の最初の数年間はおそらく200を超えない、限られた数の顧客に対処することである。一方、B2Cマーケティングは、何千人もの顧客にアプローチし、それぞれを個別に理解しようとする。B2B顧客のライフタイムバリューは何倍も高いが、B2Cマーケティングは販売サイクルの短縮と顧客あたりの取引の増加を伴い、ロイヤリティプログラム、プロモーションクーポンなどを通じて複数年続く関係を確立しようと努力する。これらの大きな違いは、B2Cマーケティング担当者が顧客に対して取っているユニークなアプローチを決定する要因である。

電子商取引プレイヤーと従来の実店舗型プレイヤーとの間のエキサイティングな競争は、消費者心理に到達し、理解され、また影響を与えるための多くの進歩を遂げている。ゲームの名前は、最新技術を採用する人々をリードすることであり、これにより、企業は顧客の感情、自社の感情、自分のサイトに費やす時間、買収意思決定の速度、なぜ顧客は離れていくのか、などの情報を得ることができる。予測分析、アルゴリズム、および大規模なデータ分析などすべてが関連付けられる。利用されている最新の技術フロンティアは、モノのインターネット（IoT）、人工知能（AI）、マシンツーマシンの学習である。

顧客に到達するために、オムニチャネル機能がますます導入されている。それゆえ、主要な電子商取引サイトが最近スマホオンリー戦略を宣言したとき、我々は非常に困惑した。我々のようにラップトップやタブレットで取引することを好む消費者は常にいる。おそらく、第2のプラットフォームをサポートする追加コストのために、なぜ消費者がアクセスできるチャネルの1つを破棄するのだろうか？

ハッピエストマインドで我々は、実店舗型の小売業者が電子商取引のプレイヤーと戦っていくにつれて、デジタル技術とオムニチャネルプラットフォームの力を活用して戦いをリードしていることを見出した。ハッピエストマインドのシアーズ（Sears）、ロウズ（Lowe's）、コールズ（Kohl's）のような顧客は、ロケーション対応サービス、インサイト情報

第7章　マーケティング戦略　151

を得るためのパーソナライゼーション、店内の顧客エクスペリエンスを向上させるために、オムニチャネル機能を採用している。

マーケティングコンサルティング会社の創業者であるジェシー・ポールは、我々がスタートアップの頃からハッピエストマインドの仕事を多数担当している。我々は、ブーミカにしたのと同じように彼女に尋ねた。どの女性向けショッピングサイトがベストなマーケティングを展開しているのか、と。両方のリストに共通の名前が1つしかないため、特に言及する必要がある。ライムロード（LimeRoad）である。ショッピングプラットフォームよりもソーシャルであり、高いエンゲージメントとリピートビジネスを保証し、緊密なサプライチェーンによってサポートされている。優美な点は、顧客がルックブックを管理できるスクラップブックプラットフォームが、コミュニティ主導のコンテンツを生成するクラウドソーシングフォーラムのように機能することである。他のほとんどのブランドは、この構造にコストをかけている。これは、我々の初期ポイントの1つで、最良のマーケティングは無料であるということだ。

B2C企業にとって重要な成功要因は、規模を拡大する能力である。ギフトカードソリューションプロバイダーで、バンガロールに本拠をおくクイックシルバー（Qwikcilver）は、リアルタイムで多国籍の複数の通貨機能を提供する、高度にセキュリティ保護されたプラットフォームを通じて、年間1200万件の取引を管理できるように迅速に対応した。元の投資家であるヘリオンとアクセル（Accel）から繰り返し投資を受けているのは不思議ではなく、第2ラウンドはアマゾンによってリードされた。

B2C企業が頻繁に失敗する領域は、特に価格設定スキームの選択肢が多すぎる点である。これが客を混乱させ、購入決定を遅らせる。この点で、チュータービスタ社の月額100ドルのビットプライシングモデルは、シンプルさの点で優れたアプローチだった。どのくらいの選択肢を提供するかに関するB2Cマーケティングの優れたガイドは、シーナ・アイエンガー（Sheena Iyengar）の『選択の科学（The Art of Choosing）』で

ある。

B2B2C モデル

B2B2C モデルは、企業が電子商取引ポータルを通じて販売するタイプ
と、ターゲットである最終消費者に企業エンティティを通じて販売する
タイプの2種類がある。ここでの製品／サービスのプロバイダーは、中間
エンティティの企業をチャネルとして、また需要のアグリゲーターとし
て、使用している。成功要因の多くは、B2B セールスに似ている。サー
ビスプロバイダーにとって B2B2C モデルは、中間エンティティとの単一
契約が数百または数千の消費者に達するのに適しているため、販売コス
トを削減するという利点がある。また、プロバイダーは、中央の「B」の
アフィニティ関係を活用することができる。同時に、サービスプロバイ
ダーは、個々の消費者との関わりを確実にして、その期待を満たす必要
がある。この点で、B2B2C 構造は B2C セールスに似ており、スケーラブ
ルなエンゲージメントプラットフォームも必要になる。B2B2C モデルの
優れた例としてワンアシストがある。ワンアシストは、4年後に何千もの
顧客を獲得し、アシュラント・ソリューションズ（Assurant Solutions）
が率いるシリーズ B（第2）ラウンドを最初のラウンドの出資者セコイア
（Sequoia）とライトスピード（Lightspeed）と共に成功裏に終えた。ま
た、多くの B2B2C 企業は、基盤を確立した後に B2C の直接販売を導入し
ている。ワンアシストの共同創業者兼ディレクター、ガガン・メーニは、
これが彼の次のステップであり、5年間で B2C ルートから直接売り上げ
の50％を達成することを期待している、と述べている。

B2B マーケティング

アショクは、シャリアム冷蔵の密閉型圧縮機を販売した日から、ウィ

第7章 マーケティング戦略 | 153

プロでミニコンピュータを販売し、ウィプロ、マインドツリー、そして
ハッピエストマインドでのエンタープライズソリューションの豊富な販
売経験から、B2Bには長年の知見を持っている。彼はB2Bモデルが時間
の経過とともに進化していくのを見てきたが、変化していないものが1
つある。成功し続けるB2B関係の最も重要な価値は信頼である。また、
同じことを言えば、本当に貴重で特別な最初の少数の顧客を獲得し、ま
たそのような顧客を獲得するのに最も役立つ信頼関係を築くまで、ビジ
ネスの現場は不安に満ちている。この文脈で見るべき有用なウェブサイ
トはFirstFewCustomers.comだ。ここのコンテンツは、起業家が最初の
数人の顧客を獲得した方法を共有するため、ユーザーが作成したもので
あり、経験の一部が重要な学びを提供する可能性がある。

　アショクはハッピエストマインドの最初の数人の顧客を獲得するため
に信頼関係がどのように役割を果たしたかについて、以下に語る――。

> 　私たちがマインドツリーとハッピエストマインドの両方を創業し
> たとき、私の共通する最大の心配は、何百万ドルもの売り上げが
> ある何百万ものITサービス会社を選択できるのに、どうしたら誰
> かが私たちに仕事をくれるのだろうか、ということでした。私た
> ちが覚えている最初の頃の顧客へのコンタクトとゼロから始めた
> 関係構築は、これらの恐怖を見事に表現したものでした。案の定、
> 典型的な対応は、あなた（またはあなたの新しいチームの他のメ
> ンバー）のためにこのアカウントを得ていることは知っているが、
> すでにパートナーがあまりにも多くいて、今は追加するよりも統
> 合したいと思っているくらいだ、でした。トムトム（TomTom）の
> CTO、アーレフ・マーティン（Aref Matin）がハッピエストマイン
> ド立ち上げの頃に新しい会社WACへと移籍し、ラッドブロークス
> （Ladbrokes）のCIO、ミッテュ・シリダルがTUIへ移籍したとき、
> 信頼の重要性が明らかになりました。どちらも私の以前の会社の

顧客で、選択肢がありました。彼らが私たちを選んだとき、特に満足しました。

アーレフの場合、主な要因は私の同僚であるナンダ（Nanda）のチームでした。彼らは複数の関係の中で彼のために完璧にオペレーションを実行し、彼はチームによって強く支えられました。それはまた、アーレフと私が大きな相互信頼と尊敬を育んでいくことを助けました。アーレフはWACにおいてハッピエストマインドの最初の顧客になりました。WACは世界最大の携帯電話メーカーとネットワークを構築したオープンなグローバルアライアンスでした。多くの電話会社は、アーレフの指針のもとで、複数の成功した実装を提供して新しいプラットフォームに乗り換えなければなりませんでした。アーレフはテクノロジーが教育において作り出してきた破壊的な変化を見て、エデュテックのビジネス領域に参入し、最大の顧客となった2つの異なるアカウントを開発するのを手伝ってくれました。彼は急速に成長しているエデュテックの会社であるアセンド（Ascend）でも私たちの重要顧客でいてくれています。

ミッテュはラッドブロークスに移籍し、私たちの、英国で初めての顧客になりました。その後、新しい任務を初めて新規に2社を顧客に迎えました。私の受けた印象では、ミッテュが従来の他のパートナーに優先して私たちを選んだということです。というのも、もし事態が悪化した場合、徹底的に取り組んで問題を解決する能力があると、彼は私たちに高い信頼を寄せていたからです。ミッテュはその後トルコ最大の電子商取引会社、エヒブラーダに移籍し、この新しい市場でハッピエストマインドの顧客となりました。

長年にわたり、同じような選択をした顧客が5人ほどいます。私

の以前の会社にとって公平でありつつ、CIOが新しい環境に移ったときに関係を維持し続けていたいくつかのケース（おそらく私たちには未知）があったと思います。結論として、会社はアーレフとミッテュのような顧客の信念と信頼を得るために尽力しなければなりません。

信頼を築く行動とは何か？　我々は、オープン性、透明性、悪いニュースの積極的なコミュニケーション、コミットメントの尊重、余裕を見て、契約を超えて付加価値を持たせる方法を常に求めている。顧客のビジネスと期待を理解することが重要である。

顧客プロジェクトでは、常に卓越した納品に努めなければならない。しかし、世界では完璧なものはない。いくつかのことが間違っている可能性がある。このような状況にどう対処すれば、信頼を強化したり破壊してしまったりするのだろうか（B2Cセクションの肯定的な例を再チェック）。

アショクは、初期のマインドツリー時代からこのような状況の1つを思い起こしている。これは災難であったかもしれないが、実際には一連の勝利をもたらした――。

私たちの米国チームは、エイビスレンタカー（Avis.com）を改革するための複雑なプロジェクトでなかなか優秀な仕事をしていました。プロジェクトはエイビスにとって非常に重要でした。彼らは世界のレンタカーで2位でしたが、市場が急速にインターネットに移行している間に、インターネット予約で出遅れていました。ジョー・キング（Joe King）、スコット・ステープルス（Scott Staples）、アンジャン・ラヒリ（Anjan Lahiri）、そしてエリック・マン（Erik Mann）（すべて元CTP）を含む米国チームは、巨人を相手にした勝利に貢献し、後者の2人はデリバリーをリードしました。このプロジェクトがIT化されてから、エイビスの未来はITに依存

156 | 第7章　マーケティング戦略

しており、その本質はマーケティングプロジェクトでした。プロジェクトの途中で、私たちは解決策の進捗状況とアーキテクチャに顧客が不満を抱いていると聞きました。 新しいCIO、ラジ・ラワル（Raj Rawal）がエイビスに加わり、マインドツリーをパートナーから取り替えるという噂がありました。 その後、米国に本拠を置くスブロトは、ラジ・ラワルを呼び、顧客の心の中の不協和音を払しょくする責任を完全に持ちました。彼はまた、信頼を回復するための計画を立て、私が個人的にそれを提示するべきだと言いました。スブロトは詳細な宿題に対処する最中、私に1週間以内に米国に連絡するように頼んできました。 私たちは、アーキテクトのアミト・アガルワル（Amit Agrawal）とビジネスアナリスト、チップ・ビアーデン（Chip Bearden）とのプロジェクトにAチームが加わっていることをすでに知っていました。我々はCTOのカムラン・オザイアに問題が発生したときにトラブルシューティングモードに入るように頼みました。私が米国に到着したとき、私たちはすでに、懸念に対処する準備を整えた計画全体を用意していました。特に、これらのうちの1つはスケーラビリティに関する懸念であり、我々はアーキテクチャが前向きに実現することを、自信を持って示すことができました。また、マーケティングを含むガバナンス体制も構築しています。ラジは私たちにもう一度チャンスを与えることに決め、残りはエイビスとマインドツリーの双方で歴史的な快挙となりました。このソリューションは、エイビスがオンラインビジネスを急成長させるのを助けました。 このプロジェクトが成功裏に終了したことで、マインドツリーは他のセンダント（Cendant）グループ企業や欧州エイビスのプロジェクトにも参入しました。ミッテュ・シリダルはマインドツリーとハッピエストマインドの両方で複数の顧客を獲得しました。数年後、

第7章　マーケティング戦略　157

ラジ・ラワルは依然として彼に影響を与えたのは、スブロトが私たちのチームへのコミュニケーションで遅れなく実行し、すべてに責任を負ったことと、問題が再発しないというように手を打ったことだということを覚えています。

多くのプロジェクトにおける実行段階では、プロジェクトのコストと時間が過小評価されていたり、実行にハードルがあるとチームが判断する状況が発生することがある。その時、マージンプレッシャー下のライン管理は、プロジェクトを終了することを選択するかもしれない。これに関するアショクのアドバイスは以下のとおり――。

絶対に、プロジェクトを途中で放り出さないでください。それは信頼を破壊し、ひどく否定的な評判を被るでしょう。マインドツリー時代、我々は自動車会社のホンダでそのようなケースの1つに直面しました。チームは撤退に備えて引き継ぎを探し始めました。幸いにも、私はホンダカーズインディアの副社長ラマンと同盟を結ぶことができました。彼は私がエンジニアだった頃からの知り合いで、「あなたのコミットメントと仕事の質が好きなので、あなたのチームと一緒にこのプロジェクトを見たいと思っています」と言ってくれました。部屋の気分はすぐに変わりました。非公式に撤退する強い意志を持っていたBU幹部たちは、道を探って、「さて、そこに至る障害が何であるか見てみよう」と言いました。私は所用で会議から退席しました。2時間後、ラマンとBU幹部たちは、すべての詳細事項がプロジェクトを完了するために結び付いたことを確認し、笑顔で歩いていました。関係は苦々しい状況で終わらずに、幸運にもプロジェクトが完成され、それからほどなくしてマインドツリーは大規模案件を受注することができました。

158 | 第7章 マーケティング戦略

私はまた、私が失敗の要因に関与していた唯一のケースについても述べるべきです。顧客はデリーの大規模なメディアハウスでした。私たちのチームは、プロジェクトの規模を大幅に過小評価していました。さらに悪いことに、私たちのチームは、顧客がプロジェクトの要件を大幅に強化したものの、変更点の対価を支払う意志がないと感じました。私は関係を救うために、個人的にデリーへ赴き、オーバーランの費用の多くをなんとか回収すると決めました。顧客の営業および上級管理職が会議に参加しました。私はオペレーションリーダーの敵意に驚きました。彼らは、契約の範囲内であると感じた変更に対する追加の支払いを要求することにおいて、私たちの不正直さを糾弾しました。私たちのチームは、この糾弾の内容は正しくなく、顧客のチームにも不信感を表明していることを確信しました。このような高いレベルの疑念を見て、私はメディアハウスの上級管理職に、私たちに支払うことなくすべての成果物を今日の状態に保ち、他のパートナーとのプロジェクトを完成させることができると話しました。私たちの知る限りでは、彼らが受け取った見積もりは私たちのものよりも3倍高く（私たちは50％の増加を要求していました）、彼らはプロジェクトを進めることができませんでした。それでも私には責任があります。プロジェクトの仕様は、誰かが成果物の異なる解釈を形成する可能性がないように査定されていたはずです。試練——時にはチームがビジネスに成功することに興奮していることもあります——マニュアルで仕様書のデューデリジェンスを用いずに急いでしまい、悪魔が詳細に潜んでいることを発見することができませんでした。

　B2Bビジネスを開始する際の懸念の1つは、企業が実績をあげていないときに顧客がビジネス案件を提供してくれるように、どのように信頼

第7章　マーケティング戦略　159

を勝ち得るかということである。幸運なことに、アショクは、顧客は最初の2年間に、チームメンバーの経験を含めて、新しいパートナーを評価する傾向があることを発見した。その後、急激な変化があり、彼らはあなたが企業として何を提供したのか実績を知りたいと考える。そのため、ハッピエストマインドでは最初に新しいアカウントを取得することに注力し、2年以内に100を超える顧客ベースを持ち、数百の困難なユースケースの実証することができた。

　以下は、顧客に対して自社の能力に対する信頼を築くために、B2Bビジネスに参入する際に役立つと判明しているアプローチのリストである。

・完全にプロジェクトを受注する前に、概念証明を行うことを提案する。
・顧客が選択するのを苦労している問題や技術の選択について説得力のある視点（PoV）を提示する。
・イノベーションチームにアプローチし、いくつかの画期的な概念を提案する。従来のITチームはベンダー開発の形で既存のゲートキーパーを持っており、「十分なパートナーがある」と頻繁に言われるが、革新者であるイノベーションチームは常に新しいパートナーを検討する自由を与えられている。
・顧客との共同ソリューションを提案する。そのような場合は、コストプラス価格を提供することができるが、知的財産（IP）を保持しておけば、その後の他の顧客への販売にロイヤリティを付けることができる。

　避けることを強くお勧めしたいビジネスモデルの1つは、ビルドオペレーショントランスファー（BOT）モデルである。B2Bビジネスでは、顧客との長期的な関係を通じて数年間にわたる定期的な取引関係を構築することが重要である。チームを作り、援助したにもかかわらず、さらなる成長が見込めない時が来るのは残念である。アショクがウィプロ在職中、ダン＆ブラッドストリート（Dun & Bradstreet：D & B）はBOT

の提案でインドに来た。候補者は優先パートナーであるウィプロ、そしてサティヤム（Satyam）だった。アショクはBOTとは異なるアプローチでD＆Bを説得したいと考えていた。D＆Bはこれを認識し、この取引はサティヤムに流れ、彼らは喜んでその申し出を受け入れた。数年後、D＆BはBOTオプションを実行し、すべての事業を新しい事業体に移した。これは、業界で最も圧倒的なプレイヤーの1社であるコグニザント（Cognizant）がどのようにして生まれたかということである。もう1つの例——マインドツリーがアズテックソフトの買収について交渉中だったとき、その最大の顧客は契約でBOT条項を行使した。その結果、収益、利益、株価が大幅に下がり、マインドツリーにとって好都合な買収価格にすることができた。

　ITにおける消費者化の顕著な傾向もある。これは、当初はB2Cセールスのためだけに使用されていたテクノロジーが現在、B2B環境でアプリケーションを探していることを意味している。したがって、B2Bにおいて、CIOおよびCMO（最高マーケティングオフィサー）は、分析やその他のデータサービスを次々と利用し始めている——。

・マイクロセグメント・ターゲット・マーケティング
・理想的な顧客ペルソナの開発
・潜在客へのターゲット・マーケティング
・カスタマイズされたコンテンツによる見込み客の育成
・営業上の見込み客の優先順位付けと取引終了の可能性の予測
・アカウントごとの影響予測
・既存アカウントに対する個別マーケティングによる売り上げの拡大

　最後に、B2Bマーケティングにおける非常に重要なインフルエンサーは、特に顧客に競争上の差別化をもたらすことができる場合、業界アナリストや知的財産権によって認められたリーダーシップと考えられている。

第7章　マーケティング戦略　161

マーケティングの将来像

　今まで使用されてきた技術は、顧客に関するより多くの情報をリアルタイムで照合することを目的としていた。デジタル化の方法の多くは、顧客体験を犠牲にしたため邪魔な存在となった。ハッピエストマインドの顧客であるゴパラ・クリシュナ・セルク（G.K.）は、このジレンマに対応したリンクトインに関する記事をいくつか発表し、顧客中心の組織が持つ次の共通項に気付いた。

・顧客の成功へのコミットメント
・初めから顧客と共にあること
・顧客のトップから現場までへのコミットメント
・顧客中心の文化の創造
・顧客のすべての事業部門にわたる認識
・顧客の視点からプロセスとポリシーを設計
・顧客にとって重要なことの測定
・顧客のイノベーションを促進

　G.K.の投稿から、高度に集中したカスタマーオリエントな会社が、顧客との契約、従業員のエンパワーメント、販売収益から始めて、顧客の経験を向上させるために、プロセスを微調整していることがわかる。顧客志向の文化を創造するというすばらしい理想像は、従業員が販売目標を持っていないが、顧客体験を向上させるためにインセンティブを与えられている会社である。
　マーケティングの将来についての予測は導師に任せる。しかし、マーケティングの次の大きな変化は、同じデジタル技術を使用して顧客体験を大幅に向上させ、顧客に「気にしている」ことを示すことになると感じている。これをうまくやる人が勝者になるだろう。

162 ｜ 第7章 マーケティング戦略

要点

●ブランド構築は、興味深く思い出深いはずの社名から始まる。ブランドには、一貫性があり、相補的でなければならない市場要素と供給要素がある。すべてのブランドの拡張は、オリジナルブランド上の約束と一致する必要がある。

●ベストなパブリシティは無料のパブリシティである。メディア記事やソーシャルメディアのコメントなどのサードパーティのステートメントは、自分のステートメントや有料広告よりも信頼性が高い。顧客の声は最も強力な宣伝です。膨大な量の無料カバレッジを得るには、「興味深い、面白い」記事を選択する。

●コンテンツ主導の世界では、評判の良い雑誌、ブログなどの記事を通じてその影響力を予測しなければならない。

●デジタル世界では、パーミッションマーケティングは、近接マーケティング、予測マーケティング、コンテキスト認識マーケティングなどの侵入型マーケティングに取って代わられている。相互接続された世界における消費者アクセスのこの新しいパワーには、注意深い観察が必要である。

●小規模なマーケティング予算は、マーケティングチーム内で創造性の充実を促進し、ばらまき型のアプローチよりもむしろフォーカスされたものにつながる。

●信頼関係を構築することは、B2BマーケティングとB2Cマーケティングの両方において重要である。事態がうまくいかないときでも、信頼を築くことには貢献できるので、これらの例外を適切に処理する。

●デジタル世界では、B2BとB2Cの両方の世界で、製品のプラットフォーム化が重要である。B2Cでは、「サービスとしてのソフトウェア（SaaS）」の配信を通じて定期的な収益を生み出すのに役立ち、B2Bでは、拡張性の高いプラットフォームがビジネスの急速な拡大に役立つ。

●大企業のパートナーにはGTMプログラムを活用すること。

第7章　マーケティング戦略　163

- B2Cマーケティングのゲームの名前は、最新の技術の主流となっており、顧客に関するリアルタイム情報の提供がますます増えている。これらの技術には、予測分析、アルゴリズム、ビッグデータ分析、モノのインターネット、人工知能、マシン・トゥ・マシン学習などがある。
- B2Cの顧客にリーチするには、オムニチャネルアプローチがますます普及している。
- 価格、スキーム、製品の種類の過度の選択肢は、顧客を混乱させる可能性があり、意思決定の遅れにつながる。単純にするのがベスト。
- ほとんどの人はマーケティングをB2BまたはB2Cのどちらかと考えているが、B2B2Cという第3のカテゴリーもある。このカテゴリーでは、サービスプロバイダーは、中間の「B」をデマンドアグリゲーターとして使用し、顧客アフィニティパートナーシップを活用する。サービスプロバイダーは、個々の消費者のニーズと期待を満たす必要があり、スケーラブルなエンゲージメントプラットフォームも必要とするため、B2Cセールスに似ている。B2B2CはB2Cに発展し、2つのモデルは相互に排他的である必要はない。
- B2Bセールスでは、あなたの最初の数人の顧客は本当に特別であり、深く感謝する必要がある。彼らはあなたが顧客に興味を持っていることを確認するのに役立つ。
- B2Bマーケティングは、問い合わせ、検索エンジンのリストのトップポジションなどウェブサイトを通じた直接販売が重要である。
- B2Bビジネスは、信頼関係、過去の関係、概念の証明を通じて機能を実証すること、そしてイノベーションの最前線で仕事を求めることを通じてもたらされる。
- 信頼を築く行動は、オープン性、透明性、悪いニュースでも隠さない態度、約束を守ること、余裕を見せて契約を超えた価値を加えることにある。前述したように、問題が起こったときに問題を処理する方法の選択は非常に重要である。

●サイズを過小評価し、巨額のオーバーランが発生しても、プロジェクトを途中で投げ出さないこと。反対に、顧客の仕様が大幅に強化されている場合、あなたは追加費用を期待する権利があり、無料で働く必要はない。プロジェクトの仕様があいまいであるか、解釈が難しい場合は、明確に定義する専門家が必要であるため、事前にデューデリジェンスを行うのはあなたの責任である。

●B2Bビジネスの最初の2年間、顧客は過去の実績とチームの経験に基づいてあなたを評価する。その後、彼らはあなたの会社が提供したものに基づいてあなたを評価する。したがって、いくつかの、困難で革新的な採用事例のプロファイルを、すばやく用意する必要がある。

●コンセプトの証明、納得できる視点（PoV）、思考リーダーシップ、イノベーションによるパートナーシップ、顧客との共同開発、IPベースの販売など、B2Bビジネスにおけるアカウント獲得に役立つアプローチの検討。

●ビジネスを勝ち抜くために避けるべきアプローチは、ビルド・オペレーション・トランスファー（BOT）である。

●ITのコンシューマリゼーションは、B2Bソリューションで広く利用されている企業環境とデータ・サイエンスに使用されている同様のテクノロジーをもたらしている。

●将来的には、マーケティング担当者は、デジタル技術を使用して顧客の体験を大幅に改善し、「気にしている」ことを実証することによって、そのアクセスを増強することになる。

第7章 マーケティング戦略 | 165

第8章　豊かさの創造と共有

「どのくらいのお金を作るのではなく、どのくらいのお金をあなたが保つか、どのくらいの世代を保つか、の問題である。」

ロバート・キヨサキ

　あなたが富のパイをどのように分かち合うかを考える前に、最初の目標はパイの大きさを増やす方法だろう。この本のすべての章では、パイの規模を拡大するための取り組みを紹介している。これは、ベンチャーに価値と正しい創業チームを配置するベンチャーキャピタルを持つことから始まる。もちろん、外部資金を使わない決断も可能だが、優れたベンチャーキャピタルが貴社の総合的価値を高めるのに役立つと我々は信じている。創業チームが最も優れていたのはインフォシスである。3人の創業者だけだと50億ドルの市場価値程度は持つことができただろうが、彼は7人の創業者でAチームを構成することで200億ドルの市場価値の会社を構築することができたのである。確かに、大規模な初期チームが必ずしもより大きな評価につながるとは限らない。また、大規模な創業チームが常にうまくいくとも限らないため、計算は簡単ではない。ここでの目的は、ベンチャーキャピタルと創業チームを選ぶ際に、まず大きなパイを作り、それをどのように分割するのが最適かを考えてみるという点を強調することである。

　会社の業績が上がれば、投資家は確実に資本投資に対する良いリターンを得ることができる。同様に、創業者にもまた大きな富がもたらされる。しかし残念なことに、会社がうまくいっているケースでは、ベンチャーキャピタルは儲けたが創業者自身はほとんど稼げなかった、ということもある。理由は、資金を調達するために、創業者があまりにも多くの自己

資本を分裂させてしまうからだ。すでに議論したように、創業者は資本の少なくとも40％を支配してIPO前の資金調達ラウンドを終了するべきである。創業者に自己持ち株比率を下げさせることができる条項に対して警戒し、株主間契約や関連文書を注意深く精査することが重要である。

従業員ストックオプションプラン（ESOP）

　起業家として富を創造する最大カテゴリーのステークホルダーであり、あなたの計画を支えるのは従業員である。したがって従業員には、富を分配する計画を立てる必要がある。従業員に報酬を与える最も一般的な（そして最良の）方法は、富の共有に関するあなたの理念を反映したESOPと呼ばれる、よく起案されたストックオプション制度である。以下のセクションでは、どのくらいの比率の株式をESOPスキームのためにとっておく必要があるのか、従業員により多くの株式を与えた場合でも会社を守れる方法、よくプランニングされたESOPスキームにおいて、所定の所得税を払った後でも従業員に十分な利益をもたらす方法、そして従業員がストックオプションを行使したり、所定の政府機関に講師を宣言したりする適切な方法やタイミング、について述べる。ESOPの課税に関する規則は国によって異なり、時には変更されることを覚えておく必要がある。したがって、主要なチームのある各国の評判の高い弁護士とよく相談しておくことをお勧めする。ESOP文書そのものとそれを支配する規則は複雑である。このため、一般的に従業員は、彼らが取るべき最良の行動が何であるかをあまりよく知らない。一部の国、特に米国のような訴訟の多い国では、後に従業員にとって有益でないことが判明した場合に備えて、ストックオプションを行使するときなど、従業員に助言を与えることに懸念がある。事実を簡単に記述し、よくある質問（FAQ）を含めることが最善であるとの見解である。適切なアプローチが自明になるが、会社は指示に違反するのではなく、従業員が自分の利益のため

第8章　豊かさの創造と共有　167

に最善のものについて法的助言を求めるよう促すことによって対応を適格にする必要があるのである。

ESOPスキームとカバレッジの割合

　希釈化防止条項株式に対するESOPプールの最も一般的なパーセンテージは20％で、ESOP株が追加された後の総発行済み株式総数の16.67％になる。シリコンバレーでは、これはほぼ普遍的な習慣であり、ベンチャーキャピタルによって推奨されている。場合によっては、ESOP株は25％（希釈化防止条項株式）で正味20％となる。インドでは、多くの組織がはるかに少ない割合にしているが、我々は従業員のために適切な株式プールを作成する必要があると考えている。

　カバレッジに関しては、小規模チームとのほとんどの製品のスタートアップはチーム全体をカバーする傾向があるが、サービス会社や電子商取引会社のようなチーム規模が大きい企業はより選択的であり、ESOPをリーダーシップチームだけに制限する可能性もある。プールのサイズは有限であるため、後者のアプローチは、普遍的なカバレッジと比較して、わずかであり、高い株式配分とそれによる大きな富の創造を可能にする。

　アショクのストックオプションの考え方は、創業して3年から4年の期間に会社設立に貢献したすべての人がESOPスキームの対象となるべきだということだった。これは従業員にオーナーシップ感を生み出し、会社の目標との整合性を促進する。当初マインドツリーでは、誰もがエントリレベルからESOPでカバーされていたが、これは給与計算に500人もの人がいた頃まで続いた。ハッピエストマインドでは、投資基盤がはるかに大きく、ESOPプールは16.67％から20％に膨張した。これにより、第4四半期末に約1800人のチームサイズに達するまで、ユニバーサルカバレッジが継続された。しかし、アショクは報酬を会社に上乗せするの

を手伝ってくれたので、従業員がIPO前に退職するか、または7年後のいずれか早い時期に、最後の発行価格で株式を取得できるようにした。計画の一部ではないが、退職するように求められた人たちには例外があった。彼らはその権利の一部または全部を保持することが許可されていたため、会社内で作成した価値を共有した。さらに、最初の4年間は発行価格が非常にわずかだが上昇した。これは二重の目的を果たした。後の参入者は、初期の参加者と同じくらいのシェアを得ることができた。また、退職したが株式を持ち続けた者は、拠出が終わった後もずっと配当を得続けている。

ESOP割り当てプランとESOPプールの補充

ESOPプログラムは費用がかかり、分配すべきストックオプションの、いつ、どのくらいを計画する必要があるだろうか。あなたのベンチャーへの資金提供に関する章では、あなたが必要と思われる資金の総額を評価し、シリーズA（第1ラウンド）、Bおよびその他のフォローアップラウンドの間に、この金額をずらす方法を逆に検討するようアドバイスした。同様に、ESOPでは、必要と思われる合計プールを決定し、社内の従業員の地位に基づいて、あるいは従業員のグレードに基づいてグリッドを作成する必要がある。等級の値は永遠に固定されず、6か月または1年ごとに、各等級の1人当たりの株式数量を減らすことができる。これは、最も早期に就職した従業員がスタートアップに参加するリスクが最も高いためである。このような事前計画は、スタートアップの数年後にも優秀な人材を採用するのに十分なESOPプールを確保するために必要である。

ESOPプールは、新しい資金調達ラウンドがあるときはいつでも増強することができるが、発行価格が最も低いスタートアップの時点で最大発行数を可能にすることが望ましい。従業員が会社を離れると、残存し

第8章　豊かさの創造と共有　169

ていない株式が取り消され、プールが補充される。退職した従業員が退職した株式を会社に売却しなければならないという上記の機能を選択した場合、ESOPプールは喪失によってさらに補充される。前回の発行価格ではなく公正市場価値に結び付けることで、従業員にとって買い戻し条項をより魅力的にすることができる。ただ、買い戻しには、会社の現金流出が含まれる。したがって、退職している従業員が株式を引き渡すことを強制することはできるが、会社が買い戻しの権利を行使することはオプションとなる。

　買い戻し条項がない場合、従業員が離職を決定すると、未確定のオプションは、事前定義された期間、通常は60日以内にすべて行使するように要求されるべきである。

　従業員へのオプションの付与は、会社の持ち株の割合ではなく、株式の総数で常に述べるべきである。これはあいまいさを避けるためだ。また、オプションをパーセントで記載すると、新たな問題が発生したときに新規の株式が従業員に発行されなければならないため、意図しない利益または不均衡な利益につながる可能性がある。

　通常、会社の株式基盤はすべての従業員が合理的な数の株式を得るように増やす必要がある。これが行われる1つの方法は、ベンチャーキャピタルが会社に投資した後のものである。プレミアムは、ボーナス株式の発行により株式資本基盤を拡大するために使用される。株式は、例えば、額面金額をRs10からRs2に引き下げることによっても分割することができる。一部の組織では、Rs1の額面を下回っても価値を下げるが、額面がRs2未満の株式はインド国外の証券取引所に容易に上場させることはできない（米国では、典型的な額面金額は5セント、2016年にはおよそ3ルピーに相当する）。インドでも、証券取引所に上場するために必要な最低額面はRs1だ。

従業員のためのESOP収益化

　多くの従業員はESOPの価値と魅力に懐疑的である。なぜなら、これは収益化の可能性が限られている紙の投資であり、遠い将来でも同様であるからだ。また、スタートアップの失敗率を考えると、従業員はESOPから何も、あるいは本当に何も得られない可能性があるので、従業員はそのようなスキームに警戒する傾向がある。彼らは報酬の一部として期待値を考慮する意思がないだろうが、ものがうまくいくときに人目を引くだけでむだな飾りとしてそれを見たいと思っている。

　上記にもかかわらず、我々はESOPがチーム成功への最善の方法であると確信しており、成功を収めるために企業を設立する。株式の発行を延期すると他の問題が生じるため、ESOPは人々が参加するときに付与されなければならない。例えば、時間が経つにつれて、ESOPの助成金額は公正市場価値（Fair Market Value：FMV）に沿って増加し、よって従業員への助成金額を減少させる必要がある。FMVよりも低いオプションを発行することを選択した場合、その差額は会社の費用として扱われ、費用は損益計算書上、借方に計上される。

　従業員の流動性を早めるために、ESOPプログラムには以下のような特徴がある。
- 買収された企業のような流動性事象が発生した場合には、権利確定株式を払い込む条項が含まれている。このような規定は、オプションの権利確定の加速を伴い得る。
- 従業員は後続の資金調達期間中に保有分の一部を担保する権利を付与されることができる。
- 優れた業績を上げている企業は、従業員給付信託基金を通じて民間市場を創出することができる（フリップカートは最近の例）その民間市場で従業員は、権利確定済みの株式の一部を現金に換えることができる。

第8章　豊かさの創造と共有　171

しかし、上記のすべての方法で収益を得る場合、権利行使後少なくとも2年間は株式を保有することを条件に所得税を20％に抑えることができる。税務上の負担を軽減できるインデックス化の利点もある。利益を貨幣化するための好ましい方法論は、最低1年間保有されている株式をキャピタルゲイン税なしで、市場で売却することができるIPO後のものである。

ESOPスキームへの課税と関連する諸問題

　税務問題は複雑で、税制へのアプローチは国によって異なる。ESOP課税に関するインドの規則の主要な特徴の1つは、従業員が勤務開始時に課税されるということである。行使時の株式価値とオプション付与価格との差額は、従業員の手持ちの有価証券の税金として差し引かれる必要がある。スタートアップ時には、IPOで行使されるまで株式は清算されていない。これは、従業員が未実現利益に税金を払わなければならないことを意味する。行使後にダウンラウンドがある場合、従業員はすでに高い価格に基づいて税金を納めているので、株も利益も両方失う。

　米国および英国、おそらく他のほとんどの国では、ストックオプションは一般的に売却時に課税される。しかし、助成金や早期訓練（該当する場合）のいずれかで株式を取得しながら従業員が行うべき重要な選挙／宣言があり、それは課税性に影響を与える可能性がある。特に、米国には複雑な規則があり、売却まで納税を繰り延べる利点を得るために、インセンティブストックオプション（ISO）計画と呼ばれる特定のストックオプション制度が必要になる。

　以下、マインドツリーでESOPスキームが始まったときに起きた複雑な問題と、その学びからハッピエストマインドが創業したときにインドで行われた第二ラウンドでの改善について、アショクが語る——。

マインドツリーで米国に拠点を置くESOPスキームを作成した
とき、公正市場価値（FMV）未満の株式を発行する柔軟性を維持
したいと考えました。私たちが気づいていなかったことは、この
善意の意図が、米国の法律に基づき私たちのストックオプション
制度を非適格制度に指定したことでした。米国では、米国住民に
対する一定の免税は、認定制度の対象者に対してのみ適用されま
す。驚くことではありませんが、私たちが採用した計画は、米国
のチームとたくさんの不平不満を引き起こしましたが、それまで
に状況を修正するのには遅すぎました。

米国では、制限株式対無制限株式または未確定株式と権利確定
株式の問題もあります。制限付株式の場合、権利確定時に納税義
務が課せられますが、この負債は、その株式がISO計画に基づい
て発行された場合に売却するまで繰り延べることができます。前
回の発行価格で株式を買い戻す当社が設定した条件により、当社
の株式は制限付きとして分類されました。それが制限されないよ
うにするには、雇用停止時に従業員が株式を保持することを許可
するか、オプションとしてFMVでの買い戻しを提供することが必
要です。

最後の発行価格での買い戻しは、巨大サイズのESOPプールを
考慮してのハッピエストマインドの重要な条項でした。従業員の
税務上の配慮も功を奏したので、この条項は保持されました。米
国の税務当局はまた、内国歳入法第409A条の遵守を要求し、所得
および税金を繰り延べるための適格条件を規定しています。あな
たは、これらのすべての側面を理解し、あなたの目標と従業員の
課税性に応じて最適化された計画を作成するため、有能な弁護士
を雇い入れることをお勧めします。

ハッピエストマインドのESOPスキームを策定するにあたって

第8章　豊かさの創造と共有　173

スキームのすべてのパラメータが得られましたが、私たちは勧告に指示を出すことを心配していました。これは、米国内のチームメンバーのなかに必要な選挙と宣言を指定期間にしていない者がいたからです。米国では、従業員に権利未確定の制限付き株式が提供された場合、米国内国歳入法第83条（b）に基づき、株式の取得時点で所得を認識することが認められている権利確定期間）を定め、制限付き株式の付与から30日以内にIRSに自己申告を行い、価格を固定しなければなりません。その後、税金の大部分は販売に繰り越されます。これが行われなければ、株価が確定し、市場価格が買収のために支払った価格よりも高い場合には、明らかに税金が課せられます。皮肉なことに、それは私たちの上級管理者たち（CEO & MD以外）でした。この本を書いている時点で、私たちはまだこの無実な漏れが関係者の課税性の面でどのように働くのか把握できていません。

　英国の状況はより簡単で、インドのESOPが適用されます。しかし、ここでも、従業員は、英国歳入税関庁（HMRC）が要求する宣言と税務上の影響について意識する必要があります。

　私たちがグローバルに貢献した取り組みの1つは、当初、すべてのESOPをRs 2の額面で発行したことです（当時の米国では約4セントに相当）。最初の6か月以内に、私たちは大きなESOPプールのほぼ65％を発行しました。インドでは、従業員が直ちにオプションを行使して株主になるよう積極的に促し、助言するためのさらなる行動をとりました。オプションの行使に際し、従業員は現金流出をしていましたが、価格が低かったので非常に手頃な価格でした。IPOまで株式を保有している株主の場合、株式市場で株式を売却すれば、有価証券取引税だけでキャピタルゲイン税はないことが期待されます。カイタン法律事務所（Khaitan & Co）と

174　第8章　豊かさの創造と共有

> ゴパランの法律顧問、ラジーブ・カイタンによって開発されたこの制度は、現行のインド税法の下で当社と従業員にとって真に最適な制度であると考えています。

ゴパランは、経営陣に重要な告知を追加している。従業員がオプションを行使すると、彼らは会社の株主の地位に達し、株主と同等に扱う必要がある、と。

結論として、あなたの会社のESOPスキームは、あなたのチームの富を生み出す最も重要な手段になるはずである。これは「高コストスキーム」であり、会社の利益を保護するスキームを作成するための慎重な検討が必要ですが、特に会社のキャッシュフローと課税性の観点から、会社が経営するすべての管轄区域の従業員に最適であると言える。

要点

- 第1の優先順位は、分割して共有する方法を考える前にパイのサイズを大きくすることである。
- もし会社がうまくいっているのであれば、ベンチャーキャピタルはいつも大儲けをすることができる。会社がうまくいったにもかかわらず、創業者たちはほとんど稼げていない場合がある。創業者は株式の40％以上を保有してからIPO前のラウンドを終了することをお勧めする。また、創業者に不利な制度を与えることができる株主同意書の条項が含まれていないことを確認する。
- 従業員ストックオプション制度（ESOP）は、従業員の富の創出のための主な手段である。シリコンバレーでは、ほとんどの企業が希釈化後株式の16.67〜20％をESOPのために保有している。インドでは、多くの企業がより低いパーセンテージを確保する傾向がある。
- 製造系企業は、早期段階のすべての従業員をオプションでカバーする傾向があるが、サービスや電子商取引企業はより選択的であり、上級管理職またはリーダーシップチームのみに株式報奨を与える傾向がある。

- 少なくとも16.67パーセントのストックオプションプールと、スタートアップの最初の2～4年間に加わったすべての従業員のカバレッジをお勧めする。このアプローチでは、従業員と会社の間の目標の整合性を保ちながら、誰にでも会社に対するオーナーシップの満足感を与えることができる。

- また、一定期間前に退職した人は、会社に買い戻しを義務付けられていないものの、権利確定済みの株式を会社に返却する必要があるという条項を含めることを推奨する。株式の強制払戻期間は、入社後5年から7年、またはIPOのいずれか早いほうが適用される。買い戻し価格は、最後の発行価格または公正市場価値である可能性があるが、後者の方が従業員にとって明らかに寛大である。

- ESOPの配分は、特定の成績での従業員配分が開始時に最も高く、徐々に減少する等級グリッドに基づいてうまく計画する必要がある。

- 一部の人々は、収益化の道が限られており、失敗の可能性が高く、IPOがあまりにも遠すぎると思われるため、富の創造に関するESOP計画については懐疑的である。従業員の流動性を向上させるために、流動性イベントが発生したとき、または従業員給付信託の作成によって、株式を売却する機会が与えられるべきだ。

- 利益を現金化するための好ましい方法論は、最低1年間保有されている株式をキャピタルゲイン税なしで、市場で売ることができるIPO後のものである。

- インドでは、米国や英国とは異なり、従業員はオプション行使時に課税される。つまり、従業員は未実現利益に課税される。この不公平に対処するために、最善のアプローチは、最初にRs 2の額面で株式プールの大部分を発行し、従業員がただちにオプションを行使して株式に転換するよう奨励することである。これには従業員の早期現金流出が含まれるが、1株当たりの金額は小さく、将来の従業員の所得税への影響が最小化される。

176 | 第8章 豊かさの創造と共有

●多くの国ではストックオプションに関する独自のルールがある。米国は特に、そのルールに従ったストックオプション制度を別途必要とする。理解する必要がある制度には、有資格対非適格制度、制限付き株式と非制限株式、および第83条（b）に基づく第409A条の遵守と選挙が含まれる。これらはすべて、従業員の課税性に影響を与える可能性がある。

●一般に、売却時には米国と英国の両方の税金オプションがあるが、どちらも、有償期間内の従業員による選挙および／または宣言をそれぞれの収益／税務当局に要求する。 期待通りにうまくいかない場合は、訴訟を避けるために過度に指示することなく従業員を教育し、指導することが重要である。

●従業員がストックオプションを行使すると、株主の地位を取得するので、彼らは他の株主と同様に扱われるべきである。

●ESOPスキームは、従業員に大きな富を生み出す最も重要な手段である。また、高コストスキームであり、企業の利益を保護するスキームを作成するために慎重な審議が必要だが、さまざまな管轄区域の従業員のキャッシュフローと税務上の角度から最適化されている。

第8章　豊かさの創造と共有 | 177

第9章　IPO

「待つことが物事を一層エキサイティングにする。」

アンディ・ウォーホル

　起業家の生活には多くの浮き沈み、喜びや苦難がある。喜びには、最初の顧客の確保、最初の請求書の提出、最初の100万ドルの利益登録と新規株式公開（IPO）の喜びがある。

　アショクによれば、株式市場で共同創業者たちと見る、その瞬間ほど興奮し、爽快な気分になるものはないという。取引の開始を告げる鐘を鳴らし、あなたの株価が着実に増加する値動きを見守る、その瞬間である。アイデアを実装して以来、ほとんどの人がこの瞬間に向けて取り組んできた。これは私有有限会社としての旅の終わりであり、上場企業としての新しい会社の始まりである。あなたは、あなたが責任を負う新しい投資家を獲得する。もはや、投資家に出口を提供することについて心配する必要はない。市場が、彼らの出入り口を提供する。あなたのIPOが、本当に活気があり、失望の出来事ではないことを確実にするためには、市場に参入してIPOを実行するための多くの事前計画、詳細な作業、そして忍耐が必要である。

　本章では、IPOの準備、IPO準備の評価、問題の規模の決定、貴社のプライシングと評価、問題の一覧と管理を行う証券取引所の選択について説明する。我々はまた、法律問題についてあなたを敏感にして、不注意に違反したり法律に反したりしないように、公開会社を経営する上での主要な問題のいくつかについても説明する。

IPOの準備

　あなたが会社を公開企業にするという目的であなたの起業家の旅を始めたなら、あなたはあなたの会社の形成からそれを成しとげる準備をしていたはずである。「組織の構築」の章（第5章）でガバナンス要件の一部を取り上げた。あなたが最終的に企業の売却を求めている場合でも、あなた自身を魅力的な買収目標にする必要があり、IPOに必要な準備の多くは、企業売却のために必要となることと同じである。長年にわたり、非公開の有限会社でさえガバナンスと監査の要件が大幅に強化されているため、必要なものの大半はすでに導入されている。

　米国では、公開会社として、SOX法（上場企業会計改革および投資家保護法）の適用範囲に入り、違反に対する罰則を含むすべての条項を認識する必要がある。この法律が制定されたとき、それは厄介であると考えられ、コンプライアンスのためのオーバーヘッド会計のせいで、多くの企業が米国に上陸することを躊躇した。現在では、インドでも、SEBI（インド証券取引委員会）と新会社法によって設定されたリスティングルールのセクション49で、私たちは厳格な要件に関する多くのグローバルスタンダードに追いついてきている。非公開会社には適用されない会社法のセクションもある。ハッピエストマインドでは、公開企業になる前に会社全体で可能な限りコンプライアンスを確保しようとした。IPOに適用されるすべての条項を調べ、必要なシステムとプロセスを早期に開発することを強くお勧めする。この執行は簡単ではないので、公開する少なくとも約18か月前にはこの作業を開始する必要がある。

　また、すべてのポリシーを再訪し、内部通報制度、セクシャルハラスメント、非差別などのポリシーが導入され、ベストプラクティスが組み込まれているかどうかを確認するよい機会である。特定の企業哲学も明確に表現する必要がある。たとえば、報酬に関するアプローチが業界の第2四分位にある場合は、これを明確に示し、実際のポジションが、記

第9章　IPO　179

載されたポジションに合致することを確認する必要がある。このような政策と開示の背後にある指針の原則は、新しい投資家と業界アナリストが、社内視野から派生した会社の視点から外部を評価したいということである。社外の投資家は、すべてがオープンかつ透明であること、そしてあなたが見るものはあなたが得るものであるという確信を持っている必要がある。規範的なガイドラインによれば、市場をさまざまな方法で分割し、これらのラインに沿って業績を報告する必要がある。ハッピエストマインドでは、我々はすでに多くの方法でデータをスライスしている。我々の会社が一般公開されると、そのような情報のすべてをオープンドメインに入れなければならない。しかし、業界の多くの公開企業は、競争力のある情報へのアクセスを制限する視点しかない。

バリュードライバー、監査の記録、課税に関する過去のデータの取得と提示を含む上記のすべてが、あなたのIPOのビルディングブロックになる。あなたの目標は、世界の透明性とガバナンスについて最高のものを基準にすることである。

取締役会の拡大と再構築

IPOの約1年前に、取締役会を拡張する必要がある。執行役員を持つ会社では、取締役の50％が独立取締役でなければならない（独立役員でもある非執行社長がいる場合は33％）。これまでベンチャーキャピタルは、投資を保護しながら、投資先の会社を守ってきた。上場会社では、投資家は少数株主の利益を守る独立取締役とはみなされない。

取締役会に2つのベンチャーキャピタルがあり、2名の経営幹部がいる会社の場合、4名の独立取締役を加えた最小8名のボードサイズが必要になる。取締役会が独自の間接費と管理性の問題を抱えているため、会社がはるかに大きくなるまで、取締役会の規模を8席に制限することをお勧めする。次の問題は、新しい取締役のプロフィールである。アショク

はマインドツリーの時代に、名高い取締役会を作った。取締役会が拡張されたときにマインドツリーが約1億2000万ドルにしかならなかったことを考えると、非常に高価な取締役会だった。そのとき、V.G.シッダールタは、ベンチャーキャピタルと取締役会メンバーとして、アショクにそのような高価な役員会に価値があるかどうか尋ねた。事実、アショクはシッダールタに同意し、ハッピエストマインドには別のアプローチをとる予定であると述べた。アショクは彼の言葉を語り、マインドツリーの独立役員からの付加価値とハッピエストマインドの顧問会議を通じて得られた価値を比較している。これは前述のように無償の役員会である――。

　　　マインドツリーに提案された上場の約18か月前に、私は新しい取締役会メンバーの検索を始めました。2人のベンチャーキャピタル代表と4人の社内取締役がいたので、私は6席の追加を考えなければなりませんでした。私の個人的なネットワークと友人からの紹介を通して、4つの異なる国籍の人物と有名人から6件の受諾を得るまでには至りませんでした。――数十億ドルの多国籍企業を率いるヨーロッパ人、海外では、ブッシュ元大統領の技術諮問委員会で働いていた人物。外交サービスをやめ、インドで代替キャリアを築くことを決めた外交官、多くの取締役に就任して退職したCEO、退職した官僚（インドのIT業界の発展に大きく貢献し、コーポレートガバナンスの役割モデルともなりました）――。
　　　なぜ私はシッダールタに同意したのでしょうか？　彼がこの優秀な役員会に対して注意を払ったことを時折穏やかに思い出します。振り返ってみると、私の記憶の中から飛び出してきたのは、取締役の1人が電話事業参入のアイデアに疑問を呈さなかったということです（前述のとおり、決定の責任は完全に私個人にありました）。また、取締役会からの重要な戦略的変更も覚えていませ

ん。誰も自分の血統と経験を疑うことができなかったので、役員会の中で最高のものを得られなかったのは私自身のせいかもしれません。また、私は役員会メンバーから、私が役員会から期待したことを明確にすることなく選択したと言われました。有名人を連れてきて、威信や誇りを感じるトロフィーハンターのアプローチでした。政府職員以外にも、業界の成長に大きく貢献してくれたヴィタル (Vittal) 氏以外、役員の誰も IT サービス業界を理解していませんでした。対照的に、ハッピエストマインドの諮問委員会は、あらゆるミーティングで複数の新しいアイデアを掲げたり、より大きいアイデアを持つグローバル CIO から構成されています。

アショクは、マインドツリーにおける上記の経験を踏まえ、ハッピエストマインドの役員会では、独立した取締役として、財務専門家（ゴパランはすでに採用されている）、人材派遣専門家1人、IT サービスを知っている2人の役員、ストラテジスト、機能的なエキスパート、エンドユーザーのいずれとしても優れている人物たちで構成した。

最後に、役員の職業的資格を離れ、個人として見て、彼らが互いに協力し合い、社の使命、ビジョン、価値観にどれくらいうまく合っているかを観察する。慎重にリファレンスチェックを行い、人物的にどうか確認する。空気を乱し、生産性を妨げ、取締役会を他の人にとってあまり満足できない経験にすることがないよう見極める。

新しい役員会が結成されたら、役員会旗下の委員会数を増やす必要がある。すでにある内部監査委員会と報酬委員会に加えて、IR 委員会を追加する必要がある。また、12か月後には、正式な取締役会評価プロセスを開始する必要がある。アショクは、このようなハイプロファイルの役員会を評価するには少し恥ずかしいと感じていたので、マインドツリー以降はそのような組成は行わなかった。

その日の終わりには、取締役会メンバーの価値に関する厳密な検査は

個別に、そして集合的に、彼らが組織への積極的な変更に貢献するかどうかで検討される。あなたは、あなたの決定を振り返り、どのようなことが起こったのかを評価する必要がある。なぜなら、役員会は合理的な議論と異なる視点で経営陣に影響を与えるからだ。役員会が経営者の推奨事項をただ支持したり、わずかに調整したりするだけでは十分ではない。これは、次の上場会社の取締役会からアショクへの主な期待である。

公開までの準備

一般投資家に対するあなたの準備は、過去の実績と今後の業績の可視性の関数でもある。過去と将来の両方を評価する基本的なパラメータは、ROE（自己資本利益率）とRoCE（使用資本利益率）などのバランスシート比率と共に、収入と利益の伸びである。新たな市場セグメントや新製品／サービスなど将来に向けた潜在的な価値要因は、はっきりと認識できなければならない。ピボット戦略を実装する必要がある場合、IPOは適切な場所ではない。代わりに、追加の資金調達のために別のベンチャーキャピタルまたはプライベートエクイティに行く必要がある。

あなたが資金を調達する目的は、能力増強、買収またはその他の側面であるかどうかにかかわらず、明確なビジネス上の意味を持つべきである。首尾よくあなたを市場に連れていくことを確信しているマーチャントバンカーを任命しておくべきだった。マーチャントバンカーの役割については、次のセクションで詳しく説明する。

最後に、あなたが問題に対応する準備をしていて、あなたが公開を計画しているという市場の意識があったとしても、国内または世界の政治的・経済的環境におけるさまざまな否定的な出来事のために、公開を延期し、2〜3年後に到来する次の上昇サイクルを待つことは恥ずべきことではない。あなたのマーチャントバンカーは、このような状況では最高の顧問であり、依然としてあなたに良い返答を約束することができれば、

先に進むことができる。しかし、公開のタイミングを再考することは、あなたの支配の及ばない外部的な理由だけで十分である。ビジネスの予測が不安定になり始める場合は、引き続き公開を延期する必要があるが、それは信頼性に深刻な影響を与えることになる。

マーチャントバンカーの選択、問題の規模と価格設定

あなたがIPOを準備しているとき、いくつかの投資銀行があなたに電話をかけていた可能性がある。彼らは、IPOの日付の約2年前に潜在的なIPO企業を訪問することを望んでいる。市場には幅広い選択肢がある。それらのうちのいくつかは、大規模な多国籍企業やインドの銀行の部門である。いくつかのものは投資銀行業務を中心としたスタンドアローンの企業だ。それらのすべてが成功したIPOの標準リーグテーブルを示し、彼らが最大か最善かを実証する。業界では競争があるが、価格に基づいて競合することはめったになく、インド市場で調達された資金の約4％を費やすことになる。そのうち、銀行家への手数料は1.25％から3％、公開の大きさに応じて、手数料の約25％は変動する成功報酬にすることができる。

あなたは多くの銀行家の資格情報が満足できるものであることがわかる。その違いは、あなたのアカウントで働くチームが原因だろう。マネージングディレクターまたは熟練したセールスヘッドとの会議に基づいて決断を下さないようにしよう。いくつかの選抜候補の銀行家に、あなたのIPOプロジェクトで活動する実際のチームを見るように頼む。雇用を選択している候補者と同様に、チームを詳細にチェックする必要がある。彼らが投資家のロードショーに参加する際の関係レベルを確かめ、求めようとする会議の量と質について確かな約束を交わすこと。典型的な問題は、シンガポール、香港、米国、英国、インドなどで100件以上の会議が開かれることである。過去の顧客のために作成したプレゼンテーショ

184 第9章 IPO

ンパッケージや目論見書などのドキュメントを調べる。チームのリストに対する熱意と成功への自信を感じよう。公開の規模に応じて2社以上の投資銀行を選択する必要がある。そのうちの1社は、公開の幹事銀行となり、目論見書およびすべての法定書類に対する責任を負い、IPOのマーケティング費用に加えて、5.0〜7.5百万ルピーの固定金額が支払われる。

　マーチャントバンカーと最初に決定することの1つは、公開の規模である。出発点は非常に明確でなければならない。つまり、資金調達の目的、能力拡張、新製品やサービスの開発、買収などである。目論見書にあなたの計画された資金の使用を記載している以上、その資金は記載されている以外の理由で使用することができないので、要件を広げておくことが重要だ。あなたはまた、市場に何度も戻ったり短期間に戻ったりすることができないので、資金調達が少なくとも3年間は持つような、適切であることを確かめるべきである。もう1つの側面は、コントロールの1つであり、必要不可欠なものを超えて株式を希釈しないことである。インドの法律は、米国とは異なり、新規株式公開に際し最低25％のシェアを定めている。したがって、創業者がIPO前の会社の50％を保有している場合、これは最低限の希釈にもかかわらず37.5％に下がる。既存の投資家の一部が株式の全部または一部を権利行使するためにIPOを使用したい場合、これにより、公開の規模が大きくなるが、副次的なオファーとして知られているこの追加金額は会社に入金されない。セカンダリーオファリングは、新規投資家が25％増えるにつれて創業者の希釈率を下げる助けとなりますが、既存の非創業者は減ったり外れたりする。上記のプロセスを通じて公開の望ましいサイズを決定したら、その額を微調整するのに役立つ投資銀行と話し合う必要がある。急上昇している市場では、銀行家は、できるだけ株式を調達し、必要なときに株式を売却するという原則に基づいて、より多くの資金を調達することを提案する可能性がある。彼らはまた、グリーンシューオプションを挿入することができる。これは、オーバーサブスクリプションが発生した場合に合意さ

第9章　IPO　185

れた割合でオファーを増やすオプションである。

　ちなみに、2015年にインド市場で実施された公開の平均サイズは、1000ルピーを上回る上位5つの巨大な公開を除いて、約350億ルピー（約5000万ドル）だった。この数値は平均値だが、公開株価のRs 200 crore未満のものは小さすぎる。

　IPO計画というパズルの最後のピースは、IPOの価格である。市場で比較可能な前例がある場合、その前例の株価収益率は、設定すべき価格の指標を与えるだろう。成長率の高い若い企業は、比較対象よりもプレミアムで資金調達を引き付けることができる。また、コーポレートガバナンスのプレミアムと呼ぶものもある。マインドツリーはこれから大きな恩恵を受けた。アショクはIPOの時が来るとハッピエストマインドもそうなると予想している。公開の規模と価格がわかれば、あなたの会社が市場でデビューする際の時価総額を知ることができる。

　公開時の価格の試算は、ブックビルディンクアプローチと固定価格アプローチという2つの異なる方法で行うことができる。企業は固定価格を念頭に置いて入札する傾向があるが、供給と需要の要因をブックビルディングすることで価格の試算を行っている。これら2つのアプローチの専門知識を理解するようにしておこう。マーチャントバンカーからの引き受けに関するルールもまた、問題の優先メソッドについてアドバイスする。

　経験豊富な人たちが、いろいろな問題を抱えているにもかかわらず、IPO後2〜3年の発行価格を下回る50％に近い非常に高い割合を見つけるのは驚くべきことである。この現象は、ICICI証券（ICICI Securities）のCEO＆MDであるアヌプ・バーグティによって優雅に説明されている。IPOステージでは、価格設定と評価のプロセスが全体的に深く扱われていないと感じている。アヌプによると、評価は主に1株当たり利益（EPS）の市場倍数に基づいて決定された独立したベクトルだが、現実には展開するストーリーと数学の交差点である。市場は将来の複合平均成

186 ｜ 第9章　IPO

長率（CAGR）の期待もあり、評価はこのCAGR値と相関がある。一方、価格設定は勢いのゲームである。もう1つの教義は、IPOは強気市場現象であるということだ。人々はプラスの山があるときに市場に参入したい。さらに、既存の投資家は、特にIPOを使用して退職する場合には、利益を最大化する価格を求めている傾向がある。これらのプッシュ要因を考えると、多くの問題がマイナスの領域にあることは驚くことではない。また、アヌプは、企業は過度の加入過多を公開の成功と混同することがあると述べている。彼は、最適なオーバーサブスクリプションが公開のサイズの10倍から12倍であると感じている。上記のものはいずれも過小評価を示しており、その下にはフォローオン需要がないことが示されている。

上場市場の選択

　上場する証券取引所を選択するときは、最初に決めるべきことは、海外でのリスティングや自国の市場でのリスティングを好むかどうかである。インドの株式市場は数年来鈍っていたため、高付加価値の問題を抱える多くの企業が海外に上場した。結果として、SEBIは、新しい発行市場が持ち上がったインドでの発行をより簡単かつ効果的にするための規則を自由化している。

　海外のリスティングでは、英国が過去にインドの企業に人気があったが、今や細分化している。世界最大の上場市場は中国になったが、インドの企業にとっては魅力的な場所になるとは思われない。シンガポールには奇妙なことがある。自国の市場に上場しない場合、米国を事実上の、唯一の選択肢にしている。

　米国に上場したい場合は、設立当初からこれを計画し、あなたの会社を米国に登録するのが理想的である。しかし、インドに拠点を置く起業家として、株式保有を増やすために多額の資金を投入したい場合は、イ

ンド準備銀行がそのような海外投資を許可するように制限内で準備する必要がある。例えば、アショクは最大の投資家であり、必要な金額を米国に送金することができなかったため、このオプションはハッピエストマインドでは利用できなかった。米国にあなたの会社を登録していない場合でも、あなたの会社を米国に登録された会社に変えることで、そこに上場することができる。しかし、これは面倒なプロセスであり、顧客のビジネスをより良く構築するための時間とエネルギーを逸らすことはお勧めできない。

　米国上場企業の主な利点は、特にナスダックに上場しているテクノロジー企業にとって、インド市場に対するプレミアムである。保険料は15〜30％の間で変動する可能性がある。インドでは、米国での発行費用がインドでは4％に対して7％であるにもかかわらず、株価プレミアムが高いほど、米国の資本コストは低くなり、インドでの同額の希釈化が生じる。米国のリスティングのもう1つの利点は、収益またはEBITDA（税引き前・利払い前・償却前利益）の倍数に基づいて価格を決定するのではなく、成長産業について長期的な見通しを立てることができるように、インドでも、小規模な取引所で損失を被った企業のリストを得ることができるようにルールは緩和されているが、これらの効用はまだテストされていない。運営上、主な市場が米国であり、米国内で複数の人を雇用している場合は、米国上場企業が優先される。米国の顧客は、米国の企業としてあなたを見て、ブランド構築に貢献すると、より大きな満足を感じるだろう。また、米国の従業員には、米国株式のESOPを与えることができる。これは、ドルに対するルピーの切り下げにより影響を受けず、さらに好ましいものとなる。

　つまり、インドと比較して米国に上場することには3つの大きな欠点がある。第1に、米国は非常に宗教的な社会であり、行動主義者である株主の集団訴訟の相手方になる可能性が高い。また、米国のSEC（米国証券取引委員会）は、インドのSEBIが警戒し、犯罪として扱うかもしれ

ないものに厳しい傾向にある。これらの不利な点は仮説であるが、懲罰的な行為の対象にならないような方法でビジネスを運営できるかどうかはあなた次第だ。

　米国に上場する第3の欠点は、敵対的買収に対する脆弱性が高いことである。これは非常に現実的な問題であり、企業の創造と経営の目標を損なう可能性がある。米国では、取締役会が買収提案を受けた場合、取締役会は株主にとって最善の利益であるかどうかを検討する受託責任がある。オラクルとピープルソフトのデビッド・マイルストーン（David Millstone）とグーハン・スブラマニアン（Guhan Subramanian）によって2007年にハーバードのケーススタディが実施されたときの言葉は「敵対者はあなたに激しく襲い掛かります」であった。ピープルソフトのような大規模で成功した企業であっても、オラクルのような強力なエンティティから敵対的な買収をかけられれば、かろうじて撃退できたくらいの戦いである。これは、ゴリアテに有利な確率で行われたダビデとゴリアテの戦いである。インドでは、敵対的な入札は、市場買収を通じて会社の株式26％を取得し、その後すべての株主に公開買付けをすることから始めなければならないが、そのような出来事はそれほど頻繁ではない。

　インド企業の場合、最初の上場はインドで実施する必要がある。あなたの会社が少なくとも10億ドルの時価総額で、少なくとも1.5億ドルから2億ドルを調達することを検討している場合は、デュアルリスティングを検討することができる。それ以外の場合は、米国のリスティングに熱心であれば、アメリカ預託証券（American Depository Receipt：ADR）と呼ばれる手段を使って米国で資金調達することができる。

　多くの可能なオプションを説明したが、物事をシンプルに保ち、インドで上場することをお勧めする。インドの2大証券取引所の間では、ナショナル証券取引所（NSE）が流動性を強化しているが、NSEとボンベイ証券取引所（BSE）の両方で上場することもできる。あなたの目標は、優れたガバナンスプレミアムを得ることによって、米国の上場保険料の

損失を相殺することである。

IPOの後

IPOの成功後、優先順位や働く方法に影響を与える多くのことがあなたとあなたの会社に起きる。IPO後の最初の1年間は、CEOは以下の新しい要件のために、自分の能力の20％を、CFOで40％まで費やす必要がある。

新しい株主への説明責任

新しい株主に対するあなたの主な義務は、投資に対して公正なリターンを与えることである。若い会社では、大規模な企業よりも高い成長があり、最低限の株価であなたが選んだ株式取引所の企業の平均を上回る感謝を伝えることができるはずである。残念ながら、SEBIのデータによると、2013年までインドに上場している企業の50％以上が発行価格よりも低い価格で取引していたことが示されている。これは、問題が最初に高額すぎたことを示しているのだろうか？　あるいは、これらの企業がIPOで約束された成長を大幅に下回った結果であろうか？

会社の構造に固有の理由がある。カフェコーヒーデー（CCD）は、公開された直後に株価がほぼ20％減少した企業の1つで、結果は予測に沿っているように見えるが、この理由について、V.G.シッダールタは、彼らは一般的にいう持ち株会社になったが、インド市場は持ち株会社の構造を好まないということだった。これが本当に理由ならば、投資銀行家がシッダールタにこの市場機能についてアドバイスし、CCD公開に際してはより低い発行価格を推奨するか、または保有会社ではなく営業会社を取ることを推奨すべきであるなど助言するべきだった。

190 │ 第9章　IPO

時には、株式市場の不合理な盛り上がりや、事実に基づいていない会社特有の噂のため、株価が暴落し始めることもあるだろう。これが起こると、波のピーク時にエントリーが行われていることを気付かないうちに、ほとんど傷つくのは小口投資家である。この鋭い北向きの動きが上場直後にマインドツリー株に流入したとき、アショクはCNBCにIPO後のファンダメンタルズは変わっていないと述べた。この対応は、CNBCの完璧なリードアンカー、ウダヤン・ムケルジー（Udayan Mukherjee）によって高く評価され、急上昇し続けていた株価の硬直的な上昇ではなく、株価の安定につながった。

投資家とアナリスト関係のセル

いったん公開すれば、業界アナリストの標的になる。同様に、常にアドレッシングが必要な投資家からの複数の問題や情報要求がある。コストを節約するために、両方のニーズに対応できるセルを設定することが不可欠だ。

これらのセルを管理する人々は、透明性が重要であることを理解する必要があるが、開示のために適切なものについても明確にする必要があり、正式な声明や、役員会の前向きなステートメントやディスクロージャーも必要になる。あなたが解決しなければならない問題は、投資家／アナリストに結果についての指導を提供するかどうか、そうであれば、それを四半期ごとに行うべきか年に一度行うべきかということである。我々の現在の考え方は、特定の数字を避けることであるが、「業界の平均を上回ったり、業界の最高XYZ％に成長すると期待しています」といった広範な声明に基づいて投資家を誘導することである。ガイダンスを提供することを決定し、ビジネスが非常に予測不能になった場合、通常のリターンがあるまでガイダンスを中止する必要がある。あなたがガイダン

スを提供するかどうかにかかわらず、アナリストは公表を期待し、株価はあなたの絶対数だけでなく、分析者の期待を上回っているか、それとも満たしているか、検討しなければならない。

一度公開すれば、外部のコミュニケーションに対処する際の最も重要な原則の1つは、悪いニュースであってもアナリストや証券取引所に伝えることである。

静穏期とインサイダー取引に関する教育

インストラクションは、創業者とCFOだけでなく、同社のリーダーシップチームとして指定されたグループにとっても重要である。企業は、SEBIによって規定されているものよりも幅広くはあるが狭くないことができる、静かな期間を定義する必要がある。この期間中、リーダーシップチームは、企業の業績または予想される結果について公表してはならない。同様に、彼らは会社の株式の取引も行うことができない。経営幹部はまた、公的に知られていない市場機密情報を所持しているときに来る静かな期間を超えて取引を制限されている。これには、コミットされた買収、CEOのような上級幹部の差し迫った交代、または事業に予想される主要な変革が含まれる可能性がある。リーダーはまた、ラジャ・グプタ（Rajat Gupta）の身に起こったように、インサイダー情報が漏洩していると非難されることを避けるために、その情報を利用できる人とそのような情報を共有してはならない。CFOは、認識が不十分なために不注意に大部分の違反が発生していることを我々の経験が示しているので、静かな期間と非取引期間についてリーダーに警告しなければならない。

短期的な志向性を避けること

アナリストと市場調査の大きな欠点は、経営陣に短期的な方向性を導入し、四半期ごとの結果を要求することにある。我々は、5年間のビジョンと目標に焦点を当て、あなたの行動をそれに応じて計画することを強

くお勧めする。短期的な株価の下落に敏感である一方で、彼らに対しては不安定にならないように注意する。とりわけ、アナリストのコメントに耳を傾けても、中長期的な影響を持つ戦略的な問題にどのように取り組むかを指示することはできない。これらの決定は、あなたとあなたの役員会の特権と責任である。

アショクはこれまでマインドツリーで成功したIPOの喜びを楽しんでいる。 彼はハッピエストマインドのための将来のもう1つの幸せな経験を楽しみにしている。ゴパランも誇りを持って目を見張ってきた。彼が指導した会社の多くは、スタートアップ企業から上場企業への移行を推し進めることができた。

私は本書が、成功するIPOに寄与する多くの取り組みをあなたに提供することを願っている。

成功とは、異なる人々に異なることを意味する。IPOが成功すれば、既存の投資家と新規投資家の両方に公正な利益をもたらすものと確信している。オーバーサブスクリプションなどの程度はノイズ要因に過ぎない。より正確には――。

・既存の投資家の場合、あなたのエントリー価格またはあなたのスペースで公開されたトップ企業に匹敵するIPOが4倍または5倍以上である必要がある。

・新規投資家の場合、3年間にわたり、新規投資家に比較可能な平均または業界平均よりも10％高い収益率を与えるIPOを成功と定義している。

要点

●起業家の生活の中で最もエキサイティングで爽快な経験は、IPOによる上場と、株価の安定した上昇を見ることである。第一の優先順位は、分割して共有する方法を考える前にパイのサイズを大きくすることである。

●IPOは長年の事前計画を必要とする。最初から適切なガバナンスを導入すれば、ある意味ではそこからIPOの準備が始まる。インドでは、非公開会社には適用されない条項を含む会社法第49条に完全に準拠する必要がある。米国に上場している場合は、SOX法の遵守を確保する必要がある。

●IPOでは、新しい投資家と業界アナリストは、あなたが提供するインサイドアウトビューに基づいてあなたの会社の外見を検証する。業界最高の開示性と透明性のアプローチをとることをお勧めする。これは、会社の過去のデータ、ビジネスのセグメント化、現在および将来のバリュードライバーの定義の両方をカバーする。

●IPOの約12か月前から18か月前に、あなたの役員会を拡張して再構成する必要がある。執行役員を擁する会社には、50％の独立取締役が必要であり、そうでなければ33％の取締役が必要である。あなたの会社がはるかに大きな会社になるまで、役員会には最大8人のメンバーをおくことを勧める。

●あなたは役員会に対するあなたの期待を明確にし、それに応じてメンバーを選択する必要がある。監査委員会の委員長となる財務の背景を持つ独立した取締役を1人ずつ持つことが不可欠だ。有名人で役員会を装飾する代わりに、補完的な機能を持つ人材（人やマーケティングエキスパートなど）とあなたの業界を理解している人を任命することをお勧めする。後者は戦略的意思決定に非常に役立つ。

●新しい役員会が設置されたら、依然として私有の有限会社であるだろうが、上場で必要になる委員会を追加する必要がある。これらには、IR委員会と人事委員会が含まれる。正式な役員会メンバー評価プロセスも有効にする必要がある。役員会から派生された価値は、あなたの会社が何をしていたのだろうか、あるいは、しなかったかを尋ねることによって評価されるべきですが、役員会の介入のために評価されるべきではない。あなたが役員会メンバーを任命する前にディスクリー

194 ┃ 第9章 IPO

トなリファレンスチェックも、役員会での執行をより満足度の高いものにすることができる。

●あなたのIPOを計画し実行するための最も重要なステップは、あなたの会社の公開規模、価格の決定、ロードショーを通じての提供をパッケージ化し、公開を促進するのに役立つマーチャントバンカーを2人以上任命することだ。マーチャントバンカーを選択する前に、公開を執行する特定のチームと会うように依頼すること。彼らの関係の強さを評価し、ロードショー中にあなたが求めているミーティングの約束をし、あなたの問題に対する彼らの熱意を評価する。銀行家は、IPOの準備状況も評価する。IPO準備の過程で、市場が深刻な下落を受ければ、問題の開始を遅らせることは当然のことである。

●公開の規模を判断するには、目標を明確にする必要がある。たとえば、キャパシティの拡大、買収のための軍資金の調達、または最初の投資家のために退出パスを作成すること、あるいはこれらすべての組み合わせである。

●価格は、業界の比較可能性、成長率、収益性などから導出される。また、優れたガバナンスに対するプレミアムも期待できる。

●IPOの価格設定と評価に取り組んでいる多くの経験豊富なチームにもかかわらず、多くの新しい問題はIPOの2〜3年後に発行価格以下で取引される傾向があることである。これは、IPOが通常、市場が盛り上がって起こる運動量イベントであるためだ。また、既存の投資家は、特に退出した場合に最大限のリターンを求める傾向がある。

●あなたが取る必要がある最も重要な決定の1つは、あなたが米国（または他の国）またはインド国内であなたの会社を上場するかどうかである。あなたの会社を米国で登記することで、また最初に米国での上場を計画していない限り、あなたは自国でのよりシンプルなオプションをとることをお勧めする。

●米国での上場の大きなメリットは、大幅な株価プレミアムを得ること

第9章　IPO　195

ができるため、資本コストが低いことである。また、成長産業の場合、米国市場は損失のある企業でも成長の可能性に基づいて評価される。米国での上場はまた、あなたにブランドブーストをもたらし、米国があなたの主要市場である場合に有利になる。米国に拠点を置く従業員は、米国企業のESOPを好むだろう。

●米国での上場の主な欠点は、それがより宗教的な文化であり、したがってコンプライアンスのコストが高くなり、米国の公開企業がインドの企業よりも敵対的買収に対して脆弱であるということだ。米国市場は株価にプレミアムを与えることができるが、あなたの会社の業績が予想を下回った場合にはさらに厳しく処罰される。米国市場における価格プレミアムは、インドにおける優れたガバナンスプレミアムによって相殺することができる。

●IPOはあなたをより厳しい監視下に置くだろう。最高経営責任者（CEO）と最高財務責任者（CFO）は、少なくとも12か月、稼働時間のかなりの部分を確保する必要がある。投資家とアナリストの関係のセルを設定する必要があり、透明性の1つの原則は、悪いニュースを伝えることに積極的に取り組むことだ。監視の強化は、四半期ごとの成果を達成する必要性に起因する短期的な方向性を重視するべきではない。ビジョンを見失わず、同じ目標を達成するための戦略的決定を下してはならない。静穏期間やインサイダー取引ガイドラインの中で、指導者が誤って表に出ないように、チームを教育しよう。

●我々はこの本には、あなたが成功するIPOを実行するのに役立つ多くの取り組みが含まれていると考えている。IPOの道を踏みはずさないために、これらのテイクアウェイは成功した会社を作り、それを買収の魅力的な候補者として装飾するのにも役立つ。

●成功するIPOは、既存の投資家に4倍から5倍の利得を与え、エントリープライスを上回る投資家と3年後の業界の平均よりも10％高い収益率を新規の投資家に提供する。

第10章　失敗と成功：スペクトラムの2つの出口

「失敗は私たちの教師であって葬儀屋ではない。失敗は遅れであって敗北ではない。一時的な遠回りであって行き止まりではない。」

デニス・ウェイトリー

「ベンチャーで成功を収めたすべての人が、それぞれの問題を解決して課題を乗り越えていきます。彼らは自分自身を助けました。彼らは彼らの航海に着手したときに彼らに知られていて知られていない力によって助けられました。」

W・クレメント・ストーン

　本書に書かれているすべてのことは、起業家を支援し、成功の確率を高め、失敗の可能性を減らすことである。この最後の章では、私たちが書いたことのすべてを凝縮または再訪するつもりはないが、いくつかの概要と視点を共有したい。

　進める前に、あなたのベンチャーのコンテキストで成功や失敗の定義を明確にしよう。起業家精神に関する多くの文献は、あなたに失敗の原因となる行動の長々としたリスト、またはその欠如を与えるだろう。我々にとって、これらの行為の多くは間違いであり、そのうちのいくつかはビジネスを構築する過程で避けられないものである。アショクは少なくとも5つの過ちを指摘することができる。その間違いはマインドツリー時代だけで50万ドルになる（これには、800万ドルの損失をもたらしたスマートフォン事業に参入する決定は含まれていないが、少なくとも京セラのキャプティブセンター買収によるサービス収入によって相殺され

た）。そのような間違いは、失敗ではない。少なくとも全体のベンチャーにおけるコンテキストの一部である。アショクは、多くのことがうまくやれていても他のいくつかのものがうまくやれなかったこれらの間違いが、10億ドルの時価総額の会社を建設する費用になったと考えている。これには、人事、市場、または技術に関する判断の誤りがいくつか含まれていた。

　我々がベンチャーの失敗について話すのであれば、以下がその定義となる。

・シャッターを引っ張って、チームを離れる。文字どおり店を閉める
・捨て去るような価格で投げ売りする
・既存の株主価値を効果的に消滅させるダウンラウンドを実行する

　上記の最後の定義では、新株主はベンチャーを非常にうまく復活させ、成功させることができた。しかし、創業者とベンチャーは、米国のブラッドハウンドの場合に起こったように、価値がないので、すべての実用的な目的のためには死んでいる。この困難な状況にお目にかかれば、あなたの人生における次のフェーズの始まりであり、前奏曲の終わりにすぎないことを付け加えておく。「私が試したことのすべてにおいて、成功よりも多く何度も失敗してしまった」とビノッド・コースラ（Vinod Khosla）は言った。私は失敗するたびに、新しいことを試みることをあきらめず、最後に成功した。

　失敗と成功をスペクトルの2つの端と定義した場合、店舗閉鎖のラインに沿った不具合や出血セールは、10のスケールで1または2のスコアを取得する。

　成功の定義は何か？　IPOの章（第9章）ではIPOの成功を、IPO後3年間のサイクルで、既存の投資家および新規投資家に魅力的なリターンを与えるものと定義した。しかし、IPOか戦略的売却かを問わず、成功

198 │ 第10章　失敗と成功：スペクトラムの2つの出口

したベンチャー企業は、優れた財務的ROIを提供するだけではない。良いガバナンスの基盤と成功を維持するためのチーム基盤の上に構築される、組織の創設も含まれなければならない。我々は通常、そのような成功を7〜10年の時間枠で測定する。組織を立ち上げるには多くの時間がかかる。この基準では、ハッピエストマインドはまだ進行中であり、うまくいけば、作っていく上での成功である。

　スペクトラムの2つの終点ととらえて失敗と成功の見通しを完成させると、3から5のスコアは、将来失敗する危険性が高い。3は不適格度の変動の程度を表す。6から8のスコアは、挑戦的な世界ではうまくいくだろう。我々は、20年以上成功を収めるための基盤を構築した企業に9と10を付与する。スコアリングシステムには、フォーミュラまたはハード・アンド・ファーストのルールはない。成功の自己評価のためのツールとして残しておく。指標として、マインドツリー、タイタン・インダストリーズ（Titan Industries）、イエス・バンク（Yes Bank）を6〜から8のカゴに入れ、インフォシス、バーティ・エアテル（Airtel）、グーグル、マイクロソフト、フェイスブックを9から10のカゴに入れる。もちろん、企業の旅の間に、6から8規模の会社が上端に移動する可能性はあるだろう。

タイミングはすべてだ

　本書を通じて、あなたがベンチャーを構築するすべてのタイミングの重要性を巡って、あなたは自分で繰り返すスレッドに気付いているかもしれない。これは早くから市場に参入するアイデアの選択から始まる。市場が製品／サービスの必要性を持たないか、サポート技術基盤が整備されていない可能性があるため、アイデアが時代を先取りしすぎていることがある。例えば、現在のほとんどの仮想ビジネスは、安価なブロードバンドおよびモバイル技術が利用可能でなければ成功しなかったであ

ろう。90年代後半の通信インフラストラクチャが、需要を持続させるほど豊かでリアルタイムな顧客体験を提供するには不十分であったため、ドットコム企業の多くは離陸しなかった。ファブ・モール（Fab Mall）、インディア・プラザ（India Plaza）、そしてレディフュージョンなどの企業は、インドのインターネット普及率が十分な需要を支えるのには低かったため、失敗した。10年後、彼らの後継企業は非常にうまくやっている。

　一方、あまりにも遅れて市場に参入するため、失敗するベンチャーもある。セグメントが「ホット」と見なされると、誰もが急いでその機会をつかみたいと考える。このスペースに入っているいくつかのベンチャーがすでにあるにもかかわらず、群れに続くこの傾向に、ベンチャーキャピタルが屈することもある。そのような態度は、機会の過密化と多くの失敗につながる。これは、1980年代後半から1990年代初頭にかけてノンバンキング金融サービス業界に起こった。多くの新規参入者は、廃業しなければならなかった。

　不思議なことに、早すぎるのか遅すぎるのか、2つの危険性を検討してみると、前者はより大きなリスクを伴う。市場に明白な必要性がなければ、創業者はその需要を容易に生み出すことができない。市場には深いポケットを備えた大きなプレイヤーが必要である。遅刻者の場合は、既存のプレイヤーの弱点を活用して差別化戦略を作成し、柔道戦略やタイ・チーのようなアプローチを採用することで、市場のシェアを獲得するチャンスがまだある。製造業の企業にとって、市場投入までの時間と収益までの時間は成功のための重要な要素である。ベストタイミングは資金調達の際に、またはそれから後になって、景気後退から金融市場が立ち直りつつあるタイミングで戦略的なIPOを行うときにやってくる。不思議にも、市場の動きが遅い、あるいは不況の時でさえ、ビジネスの立ち上げは効果的である。マイクロソフトやシスコを含む世界の偉大な企業の一部は、景気後退の状況で生まれてきた。彼らの長期的な成功の

理由は、厳しい時代に成功することができれば、良い時が到来するとさらに繁栄するということである。逆に、ブーム時代に立ち上げられた企業は、劇的な興奮、膨張、過剰な現金を燃やして、景気後退が起こったときに閉じ込められる可能性がある。我々はもちろん、景気後退の時期を待つことを主張しているわけではないが、そのような理由で創業を延期する必要はない。最適なアプローチは、需要の急増を打ち破り、あなたの支出に慎重であることだ。アショクが言っているように、ダウンサイクルが必然的に続くので、悪い時間に備えて良い時を使おう。

　さらに、タイミングはスケールアップのアプローチの点でも重要である。早すぎると、市場が正当化できることなく資産を不十分に利用し、現金を燃やすことになる。あまりにも遅いと、誰かがあなたの市場をつかんで、あなたがすでに行った投資は脅かされる。人の追加採用のタイミングは、組織になる前に構築するという、以前の明確な原則で取り組むべき機会に先行しなければならない。

　必要が生じた場合、ピボット戦略を実施する上でタイミングはさらに重要である。早すぎると、あなたはそれを公正なチャンスにする前にあなたのアイデアを放棄せざるをえなくなるかもしれない。遅すぎると、戦略を実行するのに十分な現金がなく、投資家のサポートが得られず、重要な人材が失われてしまい、文字どおり時間がなくなる。

　買収に関してもタイミングは重要だ。我々は、あまりにも多くのスタートアップが独自の文化を形成する前に、買収を行うのは早すぎると考えている。また、スタートアップ段階の現金は最も高価なものであり、余裕がないことに使うよりも、あなたのコアバリュープロポジションを開発するために使用する必要がある。我々は、ハイプロファイルのスタートアップが買収を行ったのを何度も見たことがあり、ちょっと後に、資金不足のためにレイオフを余儀なくされるのも見てきた。ゾマトはそのような最近の例の1つだ。

　アショクは、CEO、特に新興のCEOがシンフォニーの指揮者のよう

第10章　失敗と成功：スペクトラムの2つの出口　201

に、社内のすべての部分を調整し、すべての主要な決定のタイミングが正しいことを確認する必要があるという話を、よく観客に伝えていた。彼は今、スタートアップのCEOの仕事のほうがはるかに厳しいと認識している。指揮者は、続く音楽に精通している。オーケストラの音楽家たちは、彼らがいつ何をするのかに精通している。起業家のCEOは、巨大な不確実性に直面して、すべてが円滑に機能するようにしなければならない。起業家が行動と意思決定のタイミングを正確に把握するのに役立つガイドラインはあるだろうか？　実装は本書の範囲外だが、起動する主要プログラムの適切な時期であるかどうかは、常に自問してほしい。意思決定のために、我々はアショクの「頭、心、直感」のアプローチをお勧めする。

成功か失敗か、運は何か作用するのだろうか？

　成功した起業家だけでなく、ベンチャーキャピタルも運が成功に大きな役割を果たしているという。カナンのデイパック・カムラは、彼が行った賭けと投資したベンチャーの成功の中で、運が非常に大きな役割を果たしていると言っている。彼は、「あなたは幸運が起こる位置に自分自身を持っていなければならないが」と付け加える。ビノッド・コースラは、2011年12月の「スマート・テッキー（Smart Techie）」のカバーストーリーで、起業家の成功に貢献する10つの要因のうち、3つまたは4つが競争によってコントロールされ、3つまたは4つは起業家本人の力量、そして残りは運の良さ、と言っている。アショクは9月11日の1週間前に2回目の調達資金が銀行口座に入金されたマインドツリー時代の運を思い出している。この偶然のタイミングで——大惨事が米国と世界に打ち寄る直前に——マインドツリーはドットコムバーストと共に崩壊した失敗企業の粉塵集団に加わらなかった。多くの他の起業家は、彼らの成功を控えめに評価している。人生同様、起業家精神においても、幸運は

役割を果たすが、重要なのは、表面上幸運な起業家は、適切な時期に適切な場所にいて適切な機会をとることによって、自分の運に貢献するということである。また運は、K・ガネシュのような連続起業家が繰り返す成功を説明することはできない。

したがって、幸運が部分的に成功に貢献するのであれば、逆も同様なのだろうか？　悪い運が失敗に貢献するか、または主に不運のためにいくつかの失敗があるだろうか？　そうではないと我々は信じている。起業家は、いくつかの可能性のある否定的な出来事の1つを準備し、実施の準備が整った緊急時の対応計画を用意することが仕事である。さもなければバブルが破裂したときに何百ものドットコム企業とe-ビジネスインテグレーターの98％が崩壊したという不運があると主張することができるが、本当の理由はこれらの企業の大部分が誇大宣伝のドットコムブームを伴っており、それらの多くは拡大され、そのうち現金を保存した人はほとんどいなかったということである。陶酔的なフィードバックは、彼らが自分のクールエイドを飲んだから、と言うことができる程度に自信を持っていた。

そうではなく、一般的に不運と呼ばれるものは、あなたの前提を再調整しないことと、変化が起こるのを見ることができなかった、ということである。アショクは、彼が会った最も明白な思想家の1人であると考えているNASA（アメリカ航空宇宙局）のエド・ロジャース（Ed Rogers）は、なぜ人々は変化が起こるのを見ないのかについてこう説明している。「海底から波を検出しなければなりません。海底から波を検出しないとあなたは何を探すべきかわからないので、それを見ることはありません」。失敗につながる「不運」に関する別の見通しは、早期の警告兆候がなく、それによって時間内に行動しないことにある。

第10章　失敗と成功：スペクトラムの2つの出口　203

失敗によくある原因

このセクションの目的は、成功の条件を見て、それを複製する方法を見ていくことである。しかし、起業は高い割合で失敗するため、失敗の主な原因を最初に調べるほうが賢明かもしれない。

失敗したベンチャーは2つのグループに分類される。最初のものは個人的な理由や特徴に関連付けられ、2つ目はビジネス上の理由だ。

今までこの本では、あなた自身が起業家精神の準備が整っているかどうか疑問に思っていない。我々は、あなたがそれを正しい時であると感じるとき、あなたは準備ができており、あなたは正しい機会を見ていると述べた。真実は起業家精神がみんなの紅茶ではないということだ。非常に目に見える、巨大な成功があるおかげで、起業家精神は魅力的であり、莫大な富を生み出し、あなた自身のボスになる手段と見なされている。潜在的な起業家は、成功した起業家精神でさえ前の何年もの犠牲の上にあることに気付いていない。本質的に、起業家精神は、高い高低差を提供する乗り物である。多くの人々は、ガッツと気質を持っていない。また、障害が発生したときに起業家の判断に疑問を持ち、質問する人もいる。アショクはウィプロ社の法的措置の脅威があり、米国の創業者がインド系チームの多くのメンバーを拒絶したときに始まった、初期のマインドツリーの日々を覚えている。創業者の1人が彼に近づいて、会社の誕生が紛争に巻き込まれて以来、この事業を閉鎖するほうがよいと言ったという。

ベンチャーが失敗する別の要因は、創業者が自身の葛藤と才能を引き付けることができないことがしばしば挙げられる。我々が失敗を「落ち込み事象」として定義したことを思い起こさせる。創業者の葛藤は、パフォーマンスの低下や、不健全なブドウにしばらくつながることは が、完全な失敗につながる可能性は低いと考えられる。ほとんどの場合、1人以上の創業者が退去するかどうかを決定する。大地は揺れるかもし

れないが、まもなく事業を進める上で新たな指導体制が登場する。このような分裂は、進行中の紛争よりはるかに優れている。

　多くの研究は、失敗の重要な理由として、才能を引き付けることができないか、適切なチームを乗せていないことを示している。この知識の時代に、あなたが才能を引き付けることができなければ、あなたは深刻な問題に陥るだろう。しかし、あなたが才能を引き付けることができない場合は、まずは起業家精神に目を向けなければならない。才能に制約のある世界では、あなたは才能のギャップがあり、あなたはすべてのAチームを選ぶのではなく、AとBの選手が混在しているということである。そのような才能に関連する問題とそれをどのようにうまく処理してもパフォーマンスには大きな影響を与えるが、「シャットダウン」の失敗につながることはない。

　ビジネス上の失敗の理由を考えてみよう。スタートアップが失敗する上位20の理由に関する2014年10月の「CBインサイト（CB Insights）」による調査では、「市場ニーズがない」と「現金がなくなった」という2つの理由が挙げられる。これらを、シャットダウンの失敗の根本的な理由として特定する。その他の理由は、これらのサブセットまたはパフォーマンスに影響を与える可能性があるが、ベンチャーの閉鎖を引き起こすとは限らないミスのいずれかだ。「市場ニーズがない」とは、市場化が早すぎる、不適切または誤解を招く市場調査、間違った製品やサービスの開発、欠陥のあるビジネスモデルなどの間違いが含まれる。

　現金を使い果たすことは、通常、最終的な現れであり、シャットダウンを引き起こすトリガーである。ただし、収入までの時間を過小評価したり、現金稼ぎに先んじて過ごしたり、過度に活用したり、買収によって現金を流出させたりするなど、さまざまな間違いがある。

　「CBインサイト」の研究で指摘されたもう1つの理由は、「法的挑戦」だ。これらの大半は、ハッピエストマインドとMySQLのケースのように、後になって克服できることが多い。しかし、訴訟に巻き込まれて起

業が遅れる可能性はある。例えば、ウーバーの運転手が請負業者である
か従業員であるかによって、いくつかの国で提起された問題を取り上げ
てみよう。ウーバーの規模の企業はこれを克服することができるが、同
じスペースの中小企業には不利な判断を下される可能性がある。閉鎖に
つながる完全な失敗の脅威は、米国よりもインドよりもはるかに高い可
能性がある。理由は3つある。米国はより宗教的な社会であり、法的防
衛の費用は一桁高い。また、インドでは、ケース・クロージャーと判断
の時間枠がほぼ無限に広がり、違反があればそれを修正する時間が与え
られるのである。

「CBインサイト」の調査で言及されていない完全閉鎖につながる1つ
の領域は、コーポレートガバナンスの脆弱な点である。逸脱した行動に
夢中になっている人にとっては、世界的にはエンロン、ローカルにはキ
ングフィッシャー航空に見られるような大規模な組織であっても、ベン
チャーの死は突然やってくる可能性がある。

このセクションを終える前に、「フェイル・ファスト」と呼ばれる現象
についてコメントしたいと思う。多くの作家は、あなたが失敗した場合、
すぐにそうするのが良いことを示す傾向がある。率直に言うと、我々は
これを保証することができない。我々は、起業家の旅を始めると、生き
残るためには辛抱強く、ついには繁栄しなければならないと信じている。
これは、必要に応じて戦略を立て直したりピボットしたりすることを意
味するものではないが、少なくとも、すべての手段を調査して本当にオプ
ションが残らない限り、あきらめることはない。結局のところ、シャッ
トダウンする必要がある場合は、負債を決済するのに十分な現金を持っ
ている必要がある。これは尊敬に値する名誉ある方法である。

成功の要因

単一の大きな間違いや組織内の弱いつながりが失敗を招く可能性があ

る。我々が成功の上端にあるためには、多くのことが考えられ、うまく実装されなければならない。本書ですでに紹介しているこれらの成功要因の中で重要なものは、アイデアの生成と検証、組織構築、資金調達と現金保存のアプローチ、マーケティングとブランド構築である。我々はあなたのベンチャーの旅における変曲点ごとに適切な戦略と、その連続について話した。富の共有、コーポレートガバナンス、そしてあなたの使命、ビジョン、そして価値観を支える組織文化の創造に取り組んできた。この領域全体には成功のための必要条件が含まれているが、それだけでは十分条件ではないかもしれない。我々はまた、タイミングと自分自身の幸運を作ることの重要性を議論した。我々は継続的に革新を続けることを強くお勧めする。業界の変化を目の当たりにし、既存のビジネスを混乱させるように取り組んだ場合でも、突然混乱したエンティティにならないようにする。

　上記の要因に加えて、あなたとあなたの創業チームは、生存、成長、成功を維持するために複数の個人的な属性を必要とする。これには、忍耐力、柔軟性、敏捷性、弾力性などがある。期待どおりにすべてはうまくいかない。起業家の書籍や記事によく出てくる言葉は、あなたのアイデアへの「情熱」である。我々は、あなたのアイデアは深い信念が必要なものであると信じている。成長する種子として論理的に見ることができるものだ。あなたは必ずしもあなたのアイデアに情熱的にも感情的にも結び付く必要はない。市場の状況によって決まる場合は、ピボットアプローチでアイデアを適応させたり修正したり、迷惑をかけないように準備する必要がある。情熱は、あなたのコミットメント、献身、そしてあなたの能力を最大限に引き出すための役割モデルとして、働き方で実証するものである。ここでもまた、ここで言及された情熱と個人的な特徴のいくつかについての注意深い言葉を入れたいと思う。我々は、1日18時間仕事をし、その結果、個人的な生活を怠るというビジネスアイデアによって消費される起業家の多くの話を読んできた。彼らはビジネスに

第10章　失敗と成功：スペクトラムの2つの出口　207

成功したかもしれないが、起業家精神と成功はあなたの個人的な生活に
重い犠牲を払う必要があるものだろうか？　幸いにも、我々が指導した
起業家たちの場合、我々はそのようなケースを見ていない。情熱的であ
ることと執着していることの間には大きな違いがあるが、多くの起業家
は無意識のうちにこのような機能不全な行動に巻き込まれている。この
ような代償を余儀なくされる場合、我々の見解では全く成功していない。

　注意深く考えてみると、過度に長い労働時間を必要とせず、実際には
非生産的であることがわかる。起業家としてのあなたの役割は、チーム
をリードし、他者を委任し、発展させることである。あなたの「思考」の
質は、あなたの行動よりもはるかにあなたの貢献を決定する。 眠れない
夜と疲れた体は、思考の透明性と一貫性をもたらさない。

　結論として、起業家精神は挑戦的な努力である。多くの浮き沈みや障
害がある。それは富の創造やそれを価値あるものにするIPOという点で、
旅の最後の報酬ではない。犠牲にもかかわらず、起業家精神は、楽しい
旅、楽しい旅、そして目的に満ちた旅でなければならない。財務的な成
功を収めた場合だけでなく優れたガバナンスの基盤全体の完成で、あな
たのベンチャーは本当に成功するだろう。

要点

● 失敗と成功はスペクトルの2つの終わりであり、一方はシャッティン
　グショップ、もう一方は20年以上にわたって構築された組織となる。
● 失敗は総額で何百万ドルもかかるかもしれないが、失敗は間違いと混
　同すべきではない。このようなエラーは、大きなビジネスを構築する
　過程ではほとんど不可避だ。間違いのない唯一の人は何もしない人で
　ある。
● ベンチャーにおける失敗は、失敗成功のスペクトルにおいて10のス
　ケールで1または2と評定されるものである。グレード1または2の失
　敗には、店舗を閉鎖し、ベンチャーを閉鎖すること、既存の株主の手

の届かない苦難の売却またはダウンラウンドが含まれる。しかし、このタイプの失敗さえも、あなたの人生の次のフェーズの初めの前奏にすぎない。

● 失敗成功率スペクトルでは、スコアの3-5はさまざまな程度の成績不振を表し、3は将来の失敗の危険性が高いことを表している。

● 厳重な得点ルールはない。指標として、6-8のスコアは7〜10年の時間枠で成功するかどうかによって評価されるべきである。9-10のスコアは、20年（またはそれ以上の）の時間枠内で成功したエンティティとして自分自身を維持する能力を開発した組織に適している。

● 成功したベンチャー企業は、財務的な収益のみを提供するベンチャー企業ではなく、優れたガバナンスの基盤に基づいて構築された機関である。

● 起業家の努力は、成功の確率を高め、失敗の確率を減らすことでなければならない。成功のための継続的な要因は、アイデアの選択、市場参入、スケールアップのタイミング、必要に応じてピボット戦略、獲得などからタイミングを揃えることである。不確実性のある環境で適切なタイミングに努めなければならない。

● 多くの成功したベンチャーキャピタルや起業家は、成功を運とみなしている。現実には、適切なタイミングで適切な場所にいて、適切な機会を得ることによって、自分たちの運を作ることに大きく貢献する。

● 不運のために失敗を説明することはできない。起業家は、いくつかの可能性のある否定的な出来事を1つずつ明らかにし、実施の準備が整ったら緊急時対応計画を用意することが仕事である。

● 初期の成功からの幸福感や傲慢感のために、多くの失敗が起こる。早期警報信号の欠落や差し迫った変化に気付かないために起こるものもある。

● ベンチャーの失敗は、個人的理由またはビジネス上の理由という、2つの大きなグループに分類することができる。個人的な理由には、起業

第10章　失敗と成功：スペクトラムの2つの出口　209

家精神のためのガッツと気質を持たない起業家だけが、急降下に至る。起業家になることを決定する前に、犠牲、ストレス、挑戦の現実的な評価が不可欠である。

● 外部の調査によると、ベンチャー失敗の2つの大きな理由は、「市場ニーズがなく」、「現金がなくなった」ことだ。「市場ニーズなし」では、早すぎる市場調査、不十分または誤解を招く市場調査、間違った製品やサービスの開発、欠陥のあるビジネスモデルを市場に出す過ちが含まれる。現金が足りなくなることは、早すぎる買収によって現金を積み過ぎ、過度に活用したり、資金を枯渇させたりする時間を過小評価することにつながる。

● 法的挑戦や訴訟はベンチャーの失敗の原因となることがあるが、その多くは時間がかかり、コストのかかる障害になり、しばらくの間パフォーマンスが低下する。

● 脆弱なコーポレートガバナンスは突然の崩壊につながる可能性がある。これは巨大企業にも起こることがある。

● 我々は「フェイル・ファスト」アプローチは認めていない。起業家の旅を始めると、生き延び、最終的には栄えあがるように、頑張って最善を尽くさなければならない。

● 単一の大きな間違いがベンチャーの失敗につながる可能性がある。成功のハイエンドになるためには、多くのことをうまくやらなければならない。これは、アイデアの生成からIPO以降に至るまで、この本で取り上げられている領域の全領域を網羅している。これらはすべて成功のためには必要だが、十分な条件ではない。さらに、ビジネスをサポートするために、忍耐力、柔軟性、敏捷性、弾力性などの個人属性が複数必要になる。

● あなたは役割モデルとして働き方に情熱を持っていなければならないが、一線を越えてベンチャーによって消耗することはない。会社を成功に導く過程で個人としての人生を破壊した起業家の話はあまりにも

多くある。あなたのベンチャーの成功は、あなたまたは会社の全体的な幸福の犠牲を必要としない。あなたの思考の質はあなたの成功を決定し、過度の労働時間または他の機能不全の行動は、あなたのリーダーシップと意思決定の明確さにのみ影響する。

●財政的成功を達成することは別として、起業家精神は楽しい旅であり、本当に成功するための目的で満ちた旅でなければならない。

一部の人々にとって非常に重要な追記

　このセクションでは、我々が指導している起業家から頻繁に受け取る質問を3つの異なるトピックに分けて説明する。これらは、これらの問題を特に重視している人にとっては非常に重要だが、他の人にとっては限られた関心事である可能性がある。

　それらのトピックとは以下のとおりである

・若年型または高齢型起業家精神のどちらを選ぶべきか
・連続的起業について
・以前の雇用主と同じスペースでの起業のチャンスと問題

若年型または高齢型起業家精神

「自分が世界を変えられると本気で信じる人たちこそが本当に世界を変えている。」

スティーブ・ジョブズ

「再びゼロからスタートするのに、年をとりすぎた、悪すぎる、遅すぎる、そして病気だからというのは問題ではない。」

ビクラム・チョードリー

　我々が大学を卒業した若い人たちから頻繁に聞かれる質問の1つは、起業するのが早すぎるかどうかということである。同様に、50歳以上の高齢者からは、それが遅すぎるかどうかとよく質問される。

起業家の平均的な経験値は7年である。起業する人の最も多い年代は35〜55歳だが、これらの年代の前後にも多くの人々が存在する。米国を中心とした何人かの大学中退者の顕著な成功は、起業家が若くなければならないという神話を作り出した。つまり、20代前半から後半にかけての人々である。その神話を作り上げてきた大学中退の成功者は、例えばビル・ゲイツ、スティーブ・ジョブズ、マーク・ザッカーバーグ、ラリー・エリソン、マイケル・デル（Michael Dell）、ウーバーのトラヴィス・カラニック（Travis Kalanick）、ワッツアップ（WhatsApp）のジャン・コウム（Jan Koum）などである。グーグルの仲良し2人組、ラリー・ページとセルゲイ・ブリンは中退せず卒業したが、スタンフォード大学でまだ学生の間に会社を創業した。そのような若い億万長者の起業家たちは、起業家が若くなければ成功しないという魅力的な神話を生み出した。これは、他の多くの人にとって極めて非現実的な考え方につながる。これらの劇的な成功の向こう側には、起業家が起業家精神の課題に対処する準備を整えていないために、失敗した何百もの企業がある。また、上記の億万長者の大学中退者たちは、おそらくその偉大さのために運命付けられた華麗な人物であったことを覚えておく必要がある。我々の本の論点は、成功した起業家であるために天才である必要はないということである。平均的、そして日常的な人材は、適切な考え方を持つ起業家、自分の勝算に基づいた正しい経験、起業家精神の規律を理解することによって、成功することができる。

ダニエル・アイゼンバーグは著書『価値がなく、不可能で馬鹿げた挑戦』で、起業家が若くなければならないという神話について論じている。彼の本で取り上げられた15人の成功した起業家のうち、8人は40歳以上の起業家であり、そのうち3つはベンチャー発足時に50歳以上だった。

高齢型の起業家の例をいくつか挙げておこう。アショクは58歳でマインドツリーを始め、69歳でハッピエストマインドを設立した。デイブ・ダッフィールドは、ピープルソフトを買収した64歳から起業家としての

人生を歩み始めた。インド海軍で彼のキャリアを始めたアロギャスワミ・パウラジ（Arogyaswami Paulraj）博士は、スタンフォード大学の教授になり、その後59歳のときにビシーム（Beceem）を始めた。L.R.スリダ（L.R. Sridhar）はコネクト・インディア（Connect India）を始めたときに59歳だった。もちろん、高齢型起業家たちの人気者はウォーレン・バフェット（Warren Buffet）である。83歳の時点で、彼は起業家的な性質の新しいベンチャーを作り続けており、バークシャー・ハサウェイ（Berkshire Hathaway）を変革し続けている。

　上記の例を念頭に置いて、若年型起業家と高齢型起業家のどちらが有利なのかを見てみよう。若年型起業家は、「自分の知らないもの」を知らないので、世界を変える可能性がより高い。また、彼らは最先端の製品を構築するために使用する新しいテクノロジーを直感的に理解している。彼らはまた、ブランドを構築するためにソーシャルメディアを活用するより効率的な仕事をするように自らを調整している。彼らの過ちは、起業の熱狂の中で、手遅れになるまで経営とリーダーシップの問題に関心を払わないことである。また、経験が不足しているため、規模を拡大するのが得意ではない。

　高齢の起業家に関して言うと、米国のベンチャービジネスの本拠地であるパロアルトには年齢に対する偏見があるという未確認の噂がある。我々は個人的にそれが本当であるとは信じていない。高齢型起業家のプロファイルは、大きなキャリアの実績が高い評価で、それが資金調達に役立つというのが大きな利点の1つになっている。これは確かにアショクにとって真実であり、デイブ・ダッフィールドはワークデイの起業で1億7500万ドルも調達している。

　高齢型起業家は過去からの経験を積み重ねている点が評価されるので、新しいカテゴリーを作るチャレンジャーである可能性は低い。しかし、彼らは通常、ベンチャーを成功させるために自分の経験を適応させることができる。例えば、L.R.スリダは、インドの農村地帯を電子商取引ネッ

トワークにつなぐために、生涯にわたるロジスティクスの経験を活用した。アショクは、デジタル変換を可能にする企業としてハッピエストマインドを創業したが、これは以前からの経験を基にしたものだ。何よりも、デイブ・ダッフィールド氏は新しいクラウドテクノロジーを使用して、SaaS（サービス・アズ・ア・サービス）モデルで彼のソリューションを提供し、オラクルが買収したピープルソフト社の製品を時代遅れに追い込んだ。高齢者はベンチャーの起業に必要なエネルギーが不足しているという印象がある。L.R.スリダは、2016年3月25日のエコノミック・タイムズで、「私は現在60歳ですが、私は16歳の熱意を持って働いています」と言った。アショクは、それが彼の仕事であり、若い人たちと共に仕事をし続けることが彼をずっと魅力的にさせ、活力を与え続けていると感じている。彼は仕事量を週70時間から約60時間に減らしたが、彼の経験は有効性の面では向上したと彼は感じている。彼が73歳で仕事を続けることができるのは起業家的なマインドのおかげである。

　最後に、経験と実績は、資金確保と才能の確保に役立つだけでなく、練達で経験豊富な起業家にとってパートナーシップ作りに活用でき、顧客との豊潤な関係をもたらしてくれる基盤になる。経験は、大きいものから小さいものまで、組織の構築にも役立つ。これらすべての点は、マインドツリーとハッピエストマインド両方におけるアショクと、多くの他の高齢型起業家にとっても当てはまるものである。

　まとめると、若年型起業家はグリーンフィールド・ベンチャー（訳注：グリーンフィールドとは今まで建物や工場などが建ったことがない草ぼうぼうの土地、樹木が生えていて整地しなければならない土地の意味合いあり）を開始する可能性がより高い。そこで大きく成功すれば世界を変えるだろうが、これはスタートアップのほんの一部であり、大部分は拡大縮小の困難に直面する。一方、高齢型の起業家は、以前の経験を積み重ねる可能性が高い。新しい商品カテゴリーを作成することはできないが、失敗率ははるかに低くなる。

これまで述べたことの多くは、一般化であり、同様に、部分的にしか真実ではない。いくつかの仮説の正反対を証明する多くの例もある。結論として、正しい論点は、若年か高齢かということではないかもしれない。本当の課題は、起業のために個人それぞれが準備することである。起業家の世界に飛び込む適切な年代と時期は、あなたの準備が整っているときであり、適切な機会を見て、ベンチャーに資金を提供し、同じ考えの共同創業者を引き付けることに自信を持っているときである。

要点

●起業家は若くなければならないという神話がますます浸透してきている。これは、主に米国での大学中退者の著名な起業家の成功事例によるものである。実際には、起業家の多くが40〜50歳、そして60歳になってから起業するケースが多数存在する。

●若者は、知らないことを知らず、未知なるものに挑戦して世界を変える可能性が高い。しかし、何年にもわたる豊かなキャリアを持っている人に比べて、若者によって始められたベンチャーには失敗事例が多い。

●経験豊か高齢型起業家は、過去の実績に基づいて資金や人材を引き付ける能力があるため、成功する確率が高い。また、企業の規模を拡大し、新たなパートナーシップや顧客のネットワークを拡大する能力にも優れている。

●起業に適切な年代は、あなたの準備が十分にできているとき、適切な機会を見ているとき、あなたがベンチャーに資金を供給し、才能を引き付け、組織を構築することを確信しているときである。

連続的起業

「アイデアは兎みたいなものである。ひとつがいの兎を飼って、育て方

を学んでいるうちたちまち1ダースの兎が出現する。」

ジョン・スタインベック

　われわれの知る限りでは、さまざまなタイプの連続起業家の正式な分類や、それらを動かすものはない。そして連続した起業へのさまざまなアプローチを通じて得たり失ったりするものはない。そこで、ここでは連続起業家を分類し、その特徴を定めることを試みる。

DNA主導型連続的起業家

　これらの起業家は多くのアイデアを持っていて、何か新しいものを始めることから大きな高みを得る人たちである。我々が知っている近代的な連続起業家は2人、英国のリチャード・ブランソン（Richard Branson）とインドのK・ガネシュである。

　ブランソンとガネシュは共に多産的な連続起業家だが、類似点はそれだけだ。ブランソンには多くの目に見えるベンチャーがあり、そのうちのいくつかは一般に株式公開されている。ヴァージン航空（Virgin Air）がおそらく最もよく知られているが、ヴァージン・レイル（Virgin Rail）、ヴァージン・ラジオ（Virgin Radio）、ヴァージン・モバイル（Virgin Mobile）もある。あまり知られていないものにいくつか言及すると、ヴァージン・コーラ（Virgin Cola）、ヴァージン・ブライド（Virgin Brides）、ヴァージン・カーズ（Virgin Cars）、ヴァージンウェア（Virginware）など、ブランソンによって設立されたが、後に失敗した多くの企業がある。ブランソンの成功の大半は、規制を受けた市場にあり、そこでまず橋頭堡を確保し、それを維持することで生き延びてきた。

　対照的に、ガネシュのベンチャー企業はどれも失敗していないが、これまでのところ、彼らの出口は数億ではなく数十万程度にとどまっており、すべてが適度な成功を収めていると言えるのは間違いないが、大き

一部の人々にとって非常に重要な追記 | 217

な成功はない。ガネシュのベンチャーはハードウェア保守からデータ分析のマーケティング、ハイテク教育事業のチュータービスタ社まで幅広く変化している。最近では、デジタルマーケティングを必要とする分野に参入した。

ブランソンとガネシュの最も重要な違いを見てみる。ブランソンは通常、彼が参入したスペースから撤退せずに、新しいベンチャーを彼の帝国に加え続けるということである。また、ベンチャー全体で共通のブランドがあり、それ自体が価値を持っている。一方、ガネシュは、ミーナ・ガネシュが起業家としてのプラットフォームを開始し、さまざまなCEOと複数のベンチャー企業を持つまで、一度に1社しか運営していなかった。ガネシュは、上場企業を経営したくないということを明確に表明している。したがって、戦略的な売却を通じて継続的に終了する。ただし、これは変更される可能性がある。彼のナットとボルト的なパートナーであるミーナは、ポルティのCEOであり、ポルティとビッグ・バスケットの両方を公開していることが評判になっている。両社の業績は好調に推移し、新たな成長産業でリーダーシップを獲得した。

私たちは、DNA主導型の起業家がどのようにつながっているかを示すために、相対する目的を持つ2人の起業家を選んだ。もちろん、もっと多くのものがあるだろう。ジャワド・アヤズ（Jawad Ayaz）とクリシュナ・ラカムサニ（Krishna Lakamsani）は、それぞれ4つのベンチャーを経営している。彼らは2人とも、ガネシュの金型から鋳造された連続起業家だ。彼らはベンチャーを作り、それを売り、次のものに移る。この人たちの主な特徴は、数年後に退屈になり、落ち着かなくなるということである。彼らが最大貢献できるのは、ベンチャーの最初の7〜8年であり、さらに組織を拡大するなら、他の人に任せたほうが良いと感じている。

DNA主導型連続的起業家の興味深い突然変異型は、成功するまで何度でも再試行しようと決心している、（今は）失敗した起業家である。シリコンバレーのベンチャーキャピタルは、失敗した起業家が持つ成功への

強い決意を評価しており、それゆえ失敗した起業家を強く好む。確かな証拠はなく、これは単に起業家の世界の神話の1つかもしれないが、失敗した起業家がゆるぎない不屈の精神を持っているということが真実ならば、成功した起業家のモチベーションが低下するかもしれないという逆もまた、真実なのだろうか？　我々は、連続した起業家をDNAが主導していると見なしているので、繰り返し成功しても動機付けと成功の追求は高いと感じている。ただ、市場と挑戦のスペースが変わる前は大丈夫だったことが今度はうまくいかないかもしれないということに気付いていないという危険もある。

偶発的または結果的連続的起業家

偶発的な、またはあるイベントの結果として起業する起業家のカテゴリーには、デイブ・ダッフィールドとアショクが含まれる。デイブは敵対的買収でピープルソフトを失わなかったならば、ワークデイを立ち上げる機会はなかっただろう。アショクは最初に、社内のある出来事のためにマインドツリーからの移行を決定し、その後、新しい会社ハッピエストマインドを創設することに決めた。アショクは言うだろう。壊滅的な出来事のように見えるものが、実はこれまでに起こった最高のものであることがわかったと（これはおそらくデイブにも当てはまる）。

ユニークな専門知識を生かしたテクノロジーエキスパート

連続的起業家のこのカテゴリーには、スタンフォード大学のパウラジ博士とシスコのプレム・ジェインが含まれる。

インド海軍でのパウラジのキャリアは、連続的起業家の出発点とは言い難いものである。パウラジは海軍で対潜ソナーを開発し、インド政府のために3つの研究所を設立した後、スタンフォード大学に移った。そこ

一部の人々にとって非常に重要な追記 | 219

で彼は、ワイヤレスシステムのデータレートを大幅に向上させる画期的な技術、MIMO（Multiple Input、Multiple Output）を開発した。MIMOに関する幅広い疑念にもかかわらず、パウラジは4Gセルラーシステム用のMIMOを構築するため、1998年にイオスパン・ワイヤレス（Iospan Wireless）を設立した。その後、2003年には、59歳で、第4世代半導体に焦点を当ててビシーム・コミュニケーションズ（Beceem Communications）を共同設立した。パウラジは、ワイヤレスモバイルのような大規模なエコシステムに新しい技術を導入することは、財務的に大きな筋肉を持つ企業を必要としていることを理解していた。したがって、彼はイオスパンをインテルに、ビシームをブロードコムに売却した。

　同様に、すばらしいエンジニアであるプレム・ジェインは、ある新製品の創造に必要な技術があると確信していたが、企業を経営して潜在能力を拡大することは彼の強みではなかった。彼は最初の会社をシスコに売却した。その後、数人の同僚と一緒にノバ・システムズ（Nuova Systems）を創業するため、シスコから退職した。スタートアップの圧力鍋的な雰囲気の中で、彼らは次世代サーバーとスイッチング製品を開発することができ、すぐにその分野に熱心だったシスコに会社を売却した。このアプローチは非常に成功した。プレムと彼の友人はインジーム・ネットワークス（Insieme Networks）を開始、再びシスコに売却してそれを繰り返した。我々が本書を書いているときにも、プレムと彼の3人の友人は再びシスコから退職した。彼らの未来の計画はまだ発表されていないが、また別のベンチャーが創設されても驚くことはない。

上流または下流への分散投資家

　このカテゴリーの起業家は、垂直型のサプライチェーン全体とその業界のバリュードライバーを理解している。このため上流または下流の連続的起業が、それらの網羅のための論理的な方法となる。インドで最も

有名な、そしておそらく世界においても有名な上流起業家は、インド最大の企業リライアンス・インダストリーズ（Reliance Industries）を創立したディルバイ・アンバニ（Dhirubhai Ambani）である。彼は成熟した不織布繊維業界で起業家としての旅を始めた。合成糸が初めて登場したとき、彼は合成繊維のパイオニアになることでリーダーシップを確立した。彼の最初の上流投資への努力は、ポリエステル糸の製造のための工場を設立したことだった。生産能力が産業ライセンスによって無意識に制限されていた国で、世界規模の工場を創設したのは初めてのことだった。彼の次の動きは、これらの糸の原料を生産する石油化学プラントを建設することだった。最終的な上流の推力は、石油化学製品の供給元であった石油産業に参入することだ。最後の努力は、彼の息子ムケシュ（Mukesh）によって推進された。ムケシュは、世界規模でベンチャービジネスを実行する能力を受け継いでいる。

　下流への多様化における代表的な例は、V.G.シッダールタである。シッダールタはコーヒープロデューサーとしてスタートし、カルナータカ州チクマガルルの自宅周辺でプランテーションを購入することで長年にわたり能力を強化してきた。その頃、インドのコーヒーのすべてのマーケティングはコーヒーボードを通じて行われていた。コーヒーの市場が開かれたとき、彼は輸出を開始し、すぐにインド第1のコーヒー輸出者になった。最後に、彼は製品のサプライチェーンを効率化するため、カフェ・コーヒー・デイを通じて小売セグメントに入った。IPO直後の株式の苦境にもかかわらず、シッダールタは楽観的なままである。彼はスターバックスが1992年に2億ドルで公開され、現在は900億ドルと評価されていると指摘する。カフェ・コーヒー・デイは10億ドルで一般に公開され、広大な小売ネットワークと店舗ごとの販売が急速に増加、インド国内市場でしっかりと定着している。シッダールタが上流への起業家的アプローチとして、ガイアナの森林をリースし、家具事業を支援していることはあまり知られていない。彼のコーヒーと家具の両ビジネスは、

彼が一般に公開した持ち株会社の範囲外にある。

新ジャンル創設型連続的起業家

　ジャンル創造型の起業家は、アイゼンバーグが、他人が知り得ないものを見ることができる人たちとして本に書いている。他の者たちにとって、新しいカテゴリーや新しいジャンルの業界を作り出すことは非常に難しい。ジャンル創造型の中で最も成功し、最もよく知られている起業家はスティーブ・ジョブズである。彼の名声とストーリーのすべてが彼自身の力であり、それ以上の説明は必要ないだろう。

　我々が引用したいもう1つの例は、ワークデイの共同設立者、デイダル・パクナデュである。IBMが買収して以来、以前ベンチャーだったPSSシステムズ（PSS Systems）は、極端なデータ量に遭遇した際、企業がその法的要件の拡大に直面する可能性のあることを予期し、新しいカテゴリーのソフトウェアを開発した。彼女は、法的記録とITの間にリンケージを作成することによって、法的保持、回収および保持管理のための最初の商用アプリケーションを開発したのである。革新だけでなく、創造するという能力は、新しいカテゴリーの創出を可能にするという、起業家の特徴であると思われる。驚くべきことではないが、デイダルには発行済みまたは保留中の、合計16の特許がある。

　これまでで最も偉大で、おそらく最も古い発明家兼連続的起業家はトーマス・エジソン（Thomas Edison）である。電球だけでなく、他の発明も電気ユーティリティ、蓄音機、映画カメラに影響を与えた。彼の発明の多くは依然としてGEの主要な製品ラインを占めている。

要点

●連続的起業家は異なる種類に分けることができる。いくつかはDNA主
　導型であり、他は独自の技術専門知識を持ち、実用性のある複数のアプ

222　一部の人々にとって非常に重要な追記

リケーションがあり、上流または下流の多様化、産業界で新しいジャンルを生み出す機能、そして偶発的またはイベント主導の一連の起業家である。それらのすべては、過去の経験から得られた能力を基盤としている。

●多くの連続した起業家は、ベンチャー企業を次の企業に移行する前に売却するが、他のケースでは、開始する企業のほとんどまたはすべてを引き続き経営し、それによって帝国を構築する。彼らのベンチャーを離れる人は、ホッケースティック効果（急成長）が発揮されて8年から12年の間に急激に成長する傾向にある潜在的な時価総額をあきらめなければならないことになるかもしれない。そのような起業家は、彼らの組織を潜在的に成長させる能力や資源を持っていないことが多い。

●連続的起業家には、過去に失敗した人や、常に成功している人などが含まれる。

出身業界での起業

「静かに歩いて、なぜなら君はぼくの夢を踏んでいるのだから。」
ウィリアム・バトラー・イェイツ

　経験豊かな指導者がそれまでの経験に基づいて、以前の雇用主と同じスペースに会社を設立することを選択することは考えにくいことではない。特定の業界での経験は間違いなく有用だが、成功するためには、新しいベンチャーにおいても新しいアプローチを確実にしなければならない。このセクションで例として挙げた3人の起業家にとっては、これは正しい選択だった。

　ヴァーダーン・ヴァシシ（Vardaan Vasisht）はアクセンチュアでキャリアをスタートし、その後ビヨンド・インタラクティブ（Beyond Interactive）というデジタル広告スペースで米国のベンチャー企業に入社した。ビヨ

ンド・インタラクティブは2回買収され、その後、彼はデジタルメディア分野でフックロジック（HookLogic）を立ち上げ、デジタルメディアプラットフォームを開発した。前述のデイブ・ダッフィールドが以前に仕事をしていたのと同じスペースで会社を立ち上げたように、彼も同じ業界から新会社を立ち上げたのである。

ビル・ドレイパーの著書『スタートアップ・ゲーム』によれば、成功した企業のシニアマネージャー以上が類似または関連スペースの企業を立ち上げると、その新しいベンチャーが成功する確率は向上するという。倫理的な問題がなければベンチャーに携わる皆の祝福を受けられる。我々はビルと完全に同意する。確かに我々は世間から不可欠と見なされる倫理的側面を持っている。しかし、我々は、「皆の祝福」を持っているという側面には同意していない。起業家が後に残す会社は、主要な社員と顧客の損失を懸念している。あなたを祝福するどころか、彼らはあなたを失速させたり、脅迫しようとして訴訟をちらつかせる可能性がある。

問題は、通常、契約内の非競争または非黙示の条項に起因する。米国の多くの国や州では、競業避止義務条項が合法であると認識していないことに注意しよう。インドでも、競業避止義務条項に対する法的判決があり、したがって強制的ではない。競業避止義務条項と勧誘禁止条項の両方に注意する重要な点は、社員は雇用が終了して会社から退職するまで、起業家は完全に会社から離脱するまで、そのような活動は一切違法であるということである。

アショクのウィプロ時代には、従業員契約に競業避止義務条項や勧誘禁止条項はなく、アショクの退社後に導入された。アショクの共同設立者（マインドツリー）が彼に近づいたとき、彼は以前のチームから3人が他にいることに気付いた。予防措置として、彼は、彼の辞任が受け入れられて1週間以内に来たこの新事業の代表者に通知した。アショクは、アショクが後継者を見つけるために与えられた6か月の予告期間を完了して公式に辞任するまで、今後、ウィプロの他の社員たちに近づくこと

はないと通告した。しかし、アショクは次のように述べている——。

　すべてが正しく行われたことを確認したにもかかわらず、私はマインドツリーを起業した直後に、カリフォルニア州の有名な法律事務所がウィプロの社員を雇うことに関する訴訟を起こしたことに驚きました。私たちはさらに、雇用を継続した場合にこの通知が実行されることを通知されました。私は1か月の猶予期間をもらいました。その間、私はそれ以上のオファーは出さないと伝えました。この期間、私は米国を訪問し、私たちが心配する必要はないという弁護士に会いました。その後、私は投資家に事情を説明し、支援を確保しました。にらみ合いの対立が続き、私たちは文字どおり、私たち自身も訴訟を起こすといった訴訟合戦の状況となりました。しかし私は、人材基盤を多様化することに強い関心を持っていて、初年度の雇用を当社の予定する雇用の約20％に当たる52人に制限すると付け加えました。その後は法的措置について何も連絡がなく、私たちもこの非公式オファーを尊重しました。

　マインドツリーからハッピエストマインドへの移行の状況は、本当に不思議で、本当に興味深いものでした。2010年11月頃、私はマインドツリーからの移籍を決意しましたが、共同創業者にさえも私の意向を伝えていませんでした。私はさまざまな選択肢を検討していましたが、政府のためのITプロジェクトをプロボノしたNGOが競業避止義務条項に違反するかどうかについてCFOに尋ねました。うれしい驚きでしたが、彼は、IPOの4年後の2011年2月に、私たちの競業避止義務条項すべてがなくなると答えました。したがって、私は、私がよく理解している分野で新しいベンチャーを行うべきであると決めました。数か月後、メディアの問い合わせに応じて私が電撃的に辞表を発表したとき、CFOとCEO＆最高業務責任者共に、私は競業避止義務条項と勧誘禁止条項の

両方に縛られていると答えました。

この誤ったステートメントが後に、従業員や顧客の心に潜在的な恐怖、不確実性、疑念を生み出す可能性があることを知った私は、私が非競争または非要請の契約の対象ではないという手紙をCEO＆最高業務責任者から出すよう要求しました。私たちは共同プレスリリースを発行し、マインドツリーは私がいくつかの従業員を雇うことができ、既存の顧客口座で競争することができるということを認めました。その代わりに、私は彼らに経営陣を脅かすか困難をもたらすような方法で持ち株を売るつもりはないとの手紙を書きました。

上記のすべての動きにもかかわらず、マインドツリーは私のベンチャーに加わった人を脅迫したり、法的な手紙を送るなど、米国でリーガルアクションを提起するのをやめませんでした。競業避止義務条項違反に関する脅迫は、私の経営幹部たちと、最初にハッピエストマインドに入社した23人の人々に向けられました。手紙は不条理で、私たちが必要としていたのはすべてこのナンセンスに終止符を打つ強力な返事でした。私たちは、私たちに関心を持った多くのマインドツリーの従業員の一部を選択的に採用し続けました。

その後、米国ではハッピエストマインド事業部門の一部門長と営業担当者に対して、マインドツリーの最大顧客の口座に入札したことに対する訴訟が起こされました。実際にはそういった訴訟事実はありませんでしたし、マインドツリーは反応や対応を遅らせました。18か月後、私たちはすべての訴訟費用を回収した上で訴訟を解消することができました。それでも、ハッピエストマインドは、以下に示すように傷付いていました。

これらの経験から学ぶべき教訓は何だろうか？　第1に、法的な条項や

精神を遵守することには、非常に慎重でなければならないということである。その後、法的措置があなたに向けられた場合は、自分自身を脅かさず、問題に正面から向き合ってはならない。応訴が助けになる。アショクは、会社を辞めるまで、将来の共同創業者を含め、新しいベンチャーに参加することをマインドツリーの誰にも話さなかった。第2に、退社する会社が、あなたのスタートアップを脅かすような不公平かつ不合理な方法で行動するだろうことを十分に想定して準備しておくべきである。顧客は、アカウントのある会社と異なるレベルのリンクを構築しており、したがって新しい事業会社に簡単に切り替えることはできないため、この不安は多少異なる。アショクが退職して5年経っても、マインドツリーの上位2社の顧客は、アショクの関係とフロントエンドの関与が勝るがゆえに重要な役割を果たしているアカウントである。

　マインドツリーの場合に起こったように、法的措置の脅威に立ち向かうべきではあるが、訴訟を棄却したとしても犠牲となることはない。アショクは個人的にインドの弁護士に説明し、米国の弁護士を個人的に選び、すべての防衛対策を承認しなければならなかった。スタートアップの創始者として、彼は物事がうまくいかないという危険をおかすことができなかったし、競業避止義務条項と勧誘禁止条項の完全な法的バックグラウンドを持ち、ニュアンスを理解した唯一の人だった。これは貴重な時間をビジネス開発から切り離すことにもなった。さらに、米国の販売担当者は法的訴訟の被告となることを非常に懸念していたため、大規模な潜在客への営業を中止した。1年以内に、彼は数年前に開発した口座への介入を取りやめ、会社を辞めた。より大きな流れでは、上記の行動は障害であったが、ハッピエストマインドの成功した会社をつくる道のりで初めてのことであった。アショクはマインドツリーの過去の共同設立者たちと個人的にはすばらしい関係を築いていることを明らかにしたいと思っている。

　法的障壁やその他の障害は、以前の雇用主だけでなく、あなたが参入

している業界のパートナーまたは大規模な競合他社からもたらされることもある。スウェーデンのMySQLのCEOのマルテン・ミコス（Marten Mickos）は、彼が営業担当をしていたときに、二重の強烈な攻撃をこうむったことを思い出している。彼らは他のさまざまなことの中でも特に、不公正な貿易慣行のために米国の彼らの元パートナーによって訴えられた。MySQLの対応は、ベンチャーキャピタルのサポートを得て訴訟を提起することだった。その後、問題は法廷外での示談によって終了した。その後、オラクルは突然MySQLの重要なパートナーであるイノデービー（InnoDB）を買収した。自社製品の重要なコンポーネントが最大の競争相手の手に渡ったため、彼らは途方に暮れた。マルテンと彼のチームは、攻撃が最善の防御であると判断した。彼らは、イノデービーを購入してMySQLを殺そうとするのは、「大西洋を飲んでイルカを殺そうとしている」のと同じだというメッセージで、同社のイルカロゴを中心としたマーケティングキャンペーンを構築した。この強力なメッセージは、MySQLの開発者を大いに支援し、危機は機会に変わった。より脆弱な創業者チームは、あきらめて戦闘まで立ち上がらないかもしれない。教訓は、起業家がそのストライドの中でこのような挑戦をしなければならず、それを克服することによってより大きな力を獲得しなければならないということである。

要点

●新しいベンチャーが以前いた会社と同じスペースにある場合、以前の会社は人や顧客の喪失に関する懸念を抱く可能性がある。そのような状況では、通常、競業避止義務条項と勧誘禁止条項への法的訴訟という形で、あなたの進む道に障害をもたらす可能性があることについて準備する必要がある。

●あなたは、あなたが雇用契約の規定どおりに誓いと精神を遵守していることと、あらゆる面で現地の法律を遵守していることを確かめなけ

ればならない。インドは、多くの国や米国のほとんどの州と同様、競業避止義務条項を合法的なものとして受け入れていない。競合他社に参加することにはいくつかの例外があるかもしれないが、同じスペースでのあなたのスタートアップに対する障害になることは間違いない。あなたがまだ雇用されており社内で同調する従業員を募集している場合は、競業避止義務条項が適用される。したがって、人を勧誘するような会話は、正式に会社を離れるまで保留しなければならない。

●以前の雇用者とは別に、障害や法的措置も業界の他の大手企業から来ることがある。これには、主要製品またはチャネルパートナーの1つを取得することが含まれる。

●常に敵対的または法的措置のために、特に精神的な準備をしておくべきである。何か不利なことが起きた場合、最初の対応は、投資家の支持を得て、そのチャレンジに正面から向き合うことだ。これは、あなたに対する告発が法律に基づいているのではなく、軽薄なものである場合には、応訴を含む対抗措置を考える必要がある。たとえあなたが勝っても、ビジネスを構築するのではなく、貴重な時間が法的な防衛に向かうことで、あなたは影響を受ける。それでも、これは攻撃に屈するのではなく、好ましいアプローチである。理想的な結果は、危機を機会に変えることができる場合である。

一部の人々にとって非常に重要な追記 | 229

主な要点

「未来を予測する最良の方法は、未来を創ることだ。」

ピーター・ドラッカー

　起業家精神は未来を創造することのすべてである。我々は、本書がアイデアの創造からIPOに至るまで、未来への道をあなたに示してくれることを願っている。我々は、各章の終わりに主要な要点をまとめた。これらの章のそれぞれがあなたの成功に関係していると信じているが、我々はあなたの準備をより早く実現させるために、参照できる主要な要点をまとめてこの本を締めたいと思う。

●あなたのベンチャーはあなたのアイデアと同じくらい価値のあるものだ。したがって、あなたのベンチャーについて進める前に、複数の機会を評価しなければならない。アイデアの生成方法には、万華鏡的なアプローチを含めることができる。

選択したアイデアは、顧客の課題を解決し、既存のサービスを提供する新しい方法であるか、既存のビジネスを混乱させる方法であるか、十分に検討する必要がある。あなたは、スケーラビリティと防御性のためのコンセプトチェックを含む、さまざまな検証テストを通してあなたの考えを伝える必要がある。

●我々は、自己資金を活用するのではなく外部から資金を調達することを強く勧める。お金は、成長の加速と拡大縮小のための燃料である。また、ベンチャーキャピタルはあなたのアイデアを検証し、価値を付加する。

● IPO前にすべての資金調達サイクルの戦略を立てる必要がある。目標から逆算して考え、投資ラウンドごとに調達する金額を決める。目的は、各段階での評価を最大化し、持ち株率の希釈を最小限に抑えることである。一度行使された株式は回収できない。

● ベンチャーキャピタルと交渉する前に、彼らのマインド、使命、方向性を理解しておくこと。彼らが提供する資金は「インテリジェントなお金」だろうか？　最初のオファーをやすやすと受け入れてはならない。

● 起業家精神は価値創造に関するもので、創業者が価値創造の公平な分担を確実に獲得するようにする必要がある。創業者はIPO前のラウンドで最低40％、好ましくは50％以上を保有することを目標にすること。

● 株主間契約には、厄介な条項が含まれることがある。これらの契約を交渉する際には専門家の助けが必要だ。お金を得るために急いで、ベンチャーキャピタルにあなたの事業の自由を制限する条項やCEOを置き換える権利を与える条項に同意してはならない。起業家と投資家の関係は、ほとんどが心のこもったものであり、支持的である。しかし、物事は時として変わるので、自分を守る必要がある。

● 企業文化は、他人が簡単に複製できない最もユニークで永続的な差別化要因となる。

● ミッション、ビジョン、そして価値観（MVV）は、あなたが作りたい文化の種類を決める上で重要な役割を果たす。MVVは互いに一致していなければならず、シンプルでインスピレーションと志向性がなければならない。これを現実のものにするには、MVVを十分に内部化し、経営幹部を役割モデルにする必要がある。

● 創業して最初の3～4年間は、M＆A活動を避けることが最善である。企業は一見、いくつかの点で類似しているように見えるが、企業によって異なる文化がある。「早すぎる」M＆Aは、自社文化を作る確固たるルートをとる前から別の文化を自分のものに移植するようなものである。

●特に困難な時期に、あなたの行動様式を通じて同じことを示すことができなければ、あなたの会社やチームをファミリーと呼んではならない。

●あなたの組織を構築することは、適切な基盤を創り出すことから始まり、その責任は創業者にある。2人かそれ以上の創業者があなたのベンチャーにふさわしいかどうかを確認するのに役立つガイドラインはない。我々は単一創業者の設立を勧めないし、ベンチャーキャピタルもそれを嫌がる傾向がある。創業者の能力に相補性を持たせることが重要だ。そうでない場合、人々を強制的に役割に合わせる傾向がある。

●創業者間の株式共有は、平等または平等主義である必要はないが、期待される価値の追加に比例した株数にする必要がある。

●創業者は以前の給料をもらうことができないため、創業者は給料カットを想定しておかなければならない。最上位の創業者と最高の持ち株数を受け取る人は、最大の給与削減を覚悟しなければならない。創業者に高い給料を支払うことは、ベンチャーキャピタルには赤信号となる。

●創業者であることは役割ではなく、特別な譲歩を受けられる資格でもない。したがって、創業者が適切に評価されていない場合、チームの他のメンバーと同様に扱われなければならない。最大限のサポートを提供し、それでも解決しない場合は、退職させる必要がある。

●会社の最も重要な役割はCEOだ。リーダーとして明確な創業者の1人がCEOになるべきである。

●組織構造は階層や報告関係ではなく、市場へのアプローチ、業務の効率性、アカウンタビリティを定義するものだ。プロフィットセンターが組織の権力構造を決定する。

●間違った雇用の機会費用は、退職させるまでの直接費用の5倍かかる。したがって、指導者は急いで雇用するよりも、ギャップを多重化して埋めるほうが良い。

●スタートアップ戦略、スケールアップ戦略、大規模企業との競争戦略、必要に応じたピボット戦略、リスク削減戦略、買収戦略など、継続的

な戦略が必要だ。あなたの会社のあらゆる変曲点や外部からの大きな
変化のために、常に戦略を再検討する必要がある。

- 価格は戦略ではない。それは無益な努力だ。市場での低価格政策は、
コストが低い場合にのみ正当化され、健康的なマージンを維持するこ
とができる。

- オファリングのプラットフォーム化は、B2B市場とB2C市場の両方を
拡大するためのすばらしいツールである。B2Bでは、支払いを複数年
契約の形で行うことができる。B2Cでは、リーチを拡大して顧客獲得
コストを削減するのに役立つ。プラットフォームは、あなたが眠って
いる間にもお金を稼いでくれる。

- あなたは大企業と競争することができる。彼らにはすべて弱点がある。
あなたが使用できるテクニックには、ゲリラ戦術、柔道戦略、タイ・
チー思想などがある。

- すべての戦略は実装しなければ意味がない。良い方法は、3年または5
年のビジョンから逆算して、そこまでの行動のロードマップを描くこ
とを必要とする。

- 最高の広報は無料の広報。メディア記事やソーシャルメディアのコメ
ントなどの第三者のステートメントは、自分の宣言や有料広告よりも
信頼性が高い。顧客の声は最も強力な宣伝である。膨大な量の無料カ
バレッジを得るには、「興味深い、面白い」ビジネスのあり方を常に考
えていかなければならない。

- 信頼関係を構築することは、B2BマーケティングとB2Cマーケティン
グの両方において重要だ。事態がうまくいかないときは、あなたがど
のように信頼できる人物なのか、会社なのかにかかってくるので、例
外の処理方法は重要である。

- 価格、スキーム、バラエティの過度の選択は、顧客を混乱させる可能性
があり、意思決定の遅れにつながる。すべて単純にする。マーケティ
ングの将来は、顧客の経験を向上させ、ケアを実証することにかかっ

一部の人々にとって非常に重要な追記 | 233

ている。これをうまくやる人が勝者になるだろう。

●寛大で包括的なESOPスキームをお勧めする。企業を立ち上げる際には多くの優先事項があるが、ベンチャーを立ち上げる準備をしているときでも、ESOPスキームを開発することが重要だ。あなたは、国によって異なる納税規定を認識している必要があり、それらはよく変わる。会社が稼動する前に創業者のスウェット・エクイティを配布することが最善だ。また、ESOPプールのかなりの部分を後ではなく早期に出すこともできる。

●IPOは長年の事前計画を必要とする。これには、会社法のガバナンスと開示の要件、および株式公開会社としてお客様に適用される株式交換リスト契約に関する措置が含まれる。IPOの約12か月前から18か月前に、取締役会を拡大して、必要な割合の独立取締役の要件を満たす必要がある。補完的な能力を持ち、価値を付加することができる取締役を選出する。

●IPOでの重要な決定は、発行の規模、発行価格、および会社の評価だ。あなたの投資銀行はこれらを確定するのを手伝ってくれるだろうが、IPOの数年後でさえ、あまりにも多くの株式が発行価格を下回る傾向があることに気付いておく必要がある。我々は、3年の期間にわたり測定された既存投資家および新規投資家に良いリターンを与えるものを成功したIPOとして定義する。

●若年型起業家によって開始されたベンチャーは、世界を変えようとする可能性が高いが、失敗率も高い。高齢型起業家は過去の経験を基にして資金を調達し、才能を引き出し、ベンチャーを拡大することが容易である。

●連続的起業家は、ベンチャーからベンチャーに移行する人と、以前のベンチャー企業を支配し、帝国を創造する人の2種類だ。連続的起業家への道は、彼らがどのスキルを活用しようとしているかによって異なる。

●以前の雇用主と同じスペースでベンチャーを開始する場合は、競業避止義務条項と勧誘禁止条項に基づいて法的訴訟を起こさなければならない可能性があることを十分に認識しておく。あなたは法律をよく理解して、あなたがそれの正しい側にいることを確認する必要がある。このような状況に直面するために、威圧されずに前向きなアプローチをとること。

●失敗と成功はスペクトルの2つの終わりである。ローエンドでは、廃業、解雇などの苦痛を与える状況がある。中間には、過小評価とさまざまな程度のベンチャーがある。トップエンドには、優れた財務的成功、優れたコーポレートガバナンス、将来の持続可能なビジネス・モデルのベンチャー企業がある。

●成功のための継続的な要因は、アイデアの選択、市場参入、スケールアップ、必要に応じたピボット戦略、買収などからあなたのタイミングを常に得ておくことだ。不確実性のある環境で適切なタイミングを見つけなければならない。

●ベンチャーの失敗の2つの最大の理由は、「市場ニーズがない」と「現金がなくなった」ことに分類される。単一の大きな間違いがベンチャーの失敗につながる可能性がある。一方、成功のハイエンドになるためには、計画から実行までの間に無数の行為をうまく実装する必要がある。これは、アイデア生成からIPO以降の領域の全領域を網羅している。さらに、将来の目標を維持するために、忍耐力、柔軟性、敏捷性、弾力性といった複数の個人的な属性が必要になる。

●あなたはあなたのベンチャーに情熱を注ぐべきだが、それによって消耗させられることはなく、あなたの個人的な人生を破壊しないようにする。財政的成功を達成することは別として、起業は、幸せで楽しい旅であり、本当に成功する目的を達成するまで満たされた旅でなければならない。

一部の人々にとって非常に重要な追記 235

訳者あとがき

　本書はインドやアメリカでの起業経験に基づく実践本として大ヒットしたHow-toモノであるが、日本を含む他国での起業にも十分に役立つ秀作で、現にこれまでヒンディー語、ドイツ語版、マレー語版が出版され、ほかにもさまざまな経済環境下にある地域で本書のローカライズ計画が進行している。

　本書が世界中で評価され、各地で翻訳が進んでいるのは、本書がベンチャー企業の立ち上げから資本計画の立て方、会社の組織強化、収益強化戦略から上場、そしてそれ以降の会社経営のあり方について、インドとアメリカで成功した著者が1つ1つわかりやすくひも解いているからであると言える。1つのビジネスアイデアから失敗に終わるベンチャー企業か、安定成長できるベンチャー企業か、を生み出す分水嶺、上場とそれ以降の安定した成長の秘訣を読者に惜しみなく教えてくれている。

　本書にも頻繁に登場する、未上場で時価総額が10億ドル（約1250億円）以上のベンチャー企業をユニコーン企業という。それらのユニコーン企業が上場すると莫大な経済効果を生み出すため、その企業数が今後の世界経済における強国がどこなのかを見る目安にもなる。現在、ユニコーンの大部分がアメリカにあり、本書でも触れられているとおり、2位と3位はインドと中国となっている。日本のユニコーン企業数はブラジルやナイジェリア並みだ。経済大国を標榜する国家にユニコーン企業がほとんどないのは憂うべきことである。

　そんなユニコーン企業も最初はアイデア1つのスタートアップ企業にすぎない。アイデアも特別に先端的である必要はなく、業界で後発でも創業チームの人選からベンチャーキャピタルの選択、ビジョンや企業文化の生成、組織戦略、事業戦略、そして資本政策をスマートに進めるこ

訳者あとがき　237

とによって、やがてユニコーンになり、あるいは上場の条件を満たす企業に育てていくことができる。

　もちろん、誰にでもできるわけではない。成功者とそうでない者の間には相応のボーダーラインがあり、たとえ優れた創業者にも、行く手にはいろいろな落とし穴が埋伏している。それでもあるべき態度でするべき決定をしかるべきタイミングで行えば、やがて成功の扉が目の前に現れる。本書はそれらの、あるべき・するべき・しかるべき、を著者自身の経験や他の成功したベンチャー企業の例を紹介しながら、わかりやすく解説している。

　第1章ではアイデアの発想法や裏付けの取り方、競合能力の検討など、「思いつき」ではない「使える」ビジネスアイデアをどうリアルなものにしていくか、について語られている。続いて第2章、第3章ではベンチャーキャピタルの見つけ方から選択方法、調達すべき金額の算出方法など資金調達について創業者が事前に頭に入れておかなければならないことやベンチャーキャピタルとの関係構築で留意すべき事項、特に出資契約における株式関係の特約の諸問題について触れられている。第4章、第5章は企業文化、ビジョン、組織構造、重要ポストの人選等を中心に、企業に組織的な厚みを加えるプロセスについて、会社のあり方の先々を考えたさまざまな重要課題について議論する。第6章、第7章は事業戦略やマーケティング戦略など企業の成長を下支えする収益部門をどう運営するべきかについて議論し、第8章は収益部門の中心となる従業員との会社利益の共有、そして第9章で上場前後の重要課題を議論する。

　読者の皆さんが何かしらのビジネスアイデアをお持ちで、ベンチャーを起業しようとお考えであれば、ぜひ本書を1つのビジネスバイブルとして何度も読み込んでいただきたく思う。訳者も過去何度か起業経験があるが、もっと早く本書に出合えていたらと思っている。日本の起業環境はエンジェル投資家も少なく、ゆえに資本市場の資金力も決して豊かとはいえない厳しい状況にあるが、日本の起業家に関心を持っている海

外投資家は少なくないので、本書の指南にしたがって海外資金を狙えるような起業を進めていただけたら、と思う。

　最後に、本書の訳出にあたって関係者の皆様方に感謝の意を申し述べたい。まず、本書の訳出機会を与えてくれた、本書の著者でもあるアショク・ソータ氏、間を取り持って下さった宮川精氏、出版に際し諸事ご教示いただいたインプレスR&D錦戸陽子氏、翻訳にかかる時間について格別の配慮をくださったクライアントの方々、特に平成ハイヤーの野口達哉所長、インド人名の発音について特別に協力してくださったグプタ・リティカ氏とアガルワル・ロシニー氏、そして妻、鈴香に感謝する。

森 勉
平成31年3月7日
東京にて

訳者あとがき 239

用語解説

あ

IPO（Initial Public Offering）
証券市場において最初の株式の売り出しを行うこと。

ROI (Return on Investment)
投資のコストと比較した投資収益率。百分率で表される。

アーンアウト（earn-out shares）
買収後の事業の業績に基づいて売り手が買収価格の一部を「獲得」しなければならない合併および買収における価格構成。

ERP（Enterprise Resource Planning）
企業経営の基本となる資源要素（ヒト・モノ・カネ・情報）を適切に分配し有効活用する計画。

ESOP（Employee Stock Option Plan）
従業員持ち株制度。従業員給付制度の一種。従業員が会社の株式や所有権を取得するよう促す。

ESOPのための希薄化（dilution for ESOP）
ESOPに対して新たな株式が発行されると、既存の所有者の持ち株数が希薄化する。

インキュベーション・センター（incubation centre）
研究、経営訓練、オフィススペースなどのサービスを提供することで、スタートアップ企業の発展を支援する企業。

ウォーク・アウェイ条項（walkaway clause）
投資先または創業した企業の資産や経営状態に問題が発生したときに、投資家または創業者が違約金や損害賠償金を支払うことなく契約を解除して取引から撤退する権利。

240 用語解説

売上総利益率（gross margins）

収入と商品原価の差の率。

Aチーム（A Team）

企業で中核となるリーダーたちのグループ。

エクイティ（equity）

正味資産。

エスクロー勘定（escrow account）

2者間の取引のプロセス中に第三者が保持する一時的なパススルー・ア
カウント。

SMAC（Social media, Mobility, Analytics and Cloud）

SDC (Software-Defined Computing)

ソフトウェアで分割または統合し、必要に応じてサーバーを柔軟に構
築または利用できる技術やサービス。

M&A（Mergers and Acquisitions）

企業買収、企業統合。・

MSME（Micro, small and medium enterprises）

極小企業、小企業から中企業までを総称した呼称。

エンジェル投資家（angel investors）

小規模な起業家やアントレプレナーなどに財政的支援を提供する個人
投資家。

OEM（Original Equipment Manufacturer）

オリジナル機器メーカー。

ODM（Original Design and Manufacturing）

相手先ブランド設計製造。

か

加重平均方式（weighted avarage adjustment）

希釈化防止条項のうち、株数算定の基礎となる基準価額を、既発行株

用語解説 | 241

式の価値と新規発行される株式の価値の平均値をとる考え方に基づく一定の計算式によって算出する方式。投資家・企業の双方にメリット。ナローベースとブロードベースがある。

株式時価総額（market capitalization または market cap）
現在の株価と発行済株の総数に基づく企業の総資産評価。

かみそり商品価格設定戦略（razor-blade pricing strategy）
カミソリ／カミソリのブレードモデルは、消費者が繰り返し購入する必要がある別の製品の販売を促進するために、最小または低コストでワンタイム製品を提供するビジネス慣行を意味する。

関与権（participative rights）
清算手数料と、それを比例配分する権利。

機会費用（opportunity cost）
1つの選択肢が選択されたときの他の選択肢の損失。

企業評価（valuation）
現在の資産、事業または会社の価値を決定するプロセス。

希釈化防止条項（anti-dilution provision）
企業が新しい証券を低価格で販売する場合に投資家を保護する株主間契約の条項。

キャッシュフロー（cash flow）
事業活動によって生み出される実際の現金の額（通常は帳簿価額と異なる）は、減価償却費のような現金で支払われない出費である。

拒否権（veto）
投資家の承認なしに企業内で特定の重要な行動が起こらないようにする権利。

クラウドソーシング（crowdsourcing）
伝統的な投資家、従業員、またはサプライヤーからではなく、多数の人々、特にオンラインコミュニティからの寄付を募集することにより、サービス、アイデア、資金、またはコンテンツを取得するプラクティス。

グラスドアレーティング（glass door ratings）

現在および元従業員が匿名で企業およびその経営陣を見直すウェブサイト。

権利確定期間（vesting period）

オプション（ESOP）を行使できるように従業員が待たなければならない期間。

コーポレートガバナンス（corporate governance）

株主の利益のために取締役会が頂点にある会社を指揮し統制するためのルール、実務およびプロセスのシステム。

顧問会議（advisory board）

経営陣に拘束力のない戦略的アドバイスを提供する、外部から招待された専門家グループ。

ゴリラ（gorilla）

巨大企業。

コンプライアンス（compliance）

コーポレートガバナンスの基本原理の1つで、企業が法律や内規などのごく基本的なルールに従って活動すること、またはそうした概念。

さ

SaaS（Software as a Service）

必要な機能を必要な分だけサービスとして利用できるようにしたソフトウェア。

残余財産優先分配権（liquidation preference）

ベンチャーキャピタル契約で使用される用語で、会社の売却などの清算イベントが発生した場合に投資家が最初に支払いを受け、支払う額を指定する権利。流動性事象において販売価格がどのように共有されるかを決定する。

自己資金投資（bootstrapping）

ブートストラップともいう。起業家が、一般的に少額の個人資本の会社を築く状況。

市場占有率（market share）
特定の会社または製品によって占められる市場の部分。

GTMアプローチ（go-to-market approach）
企業がどのように顧客にアプローチし、競争優位を達成するかを指定する行動計画。

GTV（Global Technology Ventures）

GPTW (Great Place to Work)
Great Place to Work Instituteは、信頼に基づいて構築された企業文化を発展させ、組織が働き甲斐のある職場を創出するのを支援する企業。または働き甲斐のある職場、の意味。

ジェステーション・ピリオド（gestation period）
ビジネス・アイデアまたは計画とその実装の間の期間。

スウェット・エクイティ（sweat equity）
企業の設立に費やされた努力を評価して創業者に与えられた資本。

た

タグ・アロング権（tag-along right）
売却参加権ともいう。投資資金の回収手段を規定する条項。大株主が株式を売却する際に自らも大株主と同条件で売却に参加可能とする権利であり、M&Aにおいて取得持分が過半数より少ない場合に買い手の権利を保全する。

知的財産（intellectual property、IPとも称す）
特許、著作権などの創造性の成果。

Tier-2
補完的または二次サプライヤー。

TiE（The Indus Entrepreneurs）

シリコンバレーにあるインド人起業家支援組織。

出口戦略（exit strategy）

投資を現金化する方法。

デューデリジェンス（due diligence）

ビジネスの購入者または金融投資家を代理する専門顧問によって行われた企業の調査。

ドラッグ・アロング権（drag-along rights）

対象会社の買収に関して、一定の要件を満たした場合、他の株主に対して買収に応じるべきことを請求できる権利。

な

NASSCOM（National Association of Software and Services Companies）

全国ソフトウェア・サービス企業協会の略で、インドの主要IT関連企業が加盟している団体。

は

買収（acquisition）

ある企業を別の企業が買うこと。製品またはサービス収益機会を増やすため、市場におけるシェアの拡大などを図る。

ハイパーローカル（hyperlocal）

非常にせまく特定されたエリア。

PES（Product Engineering Service）

ソフトウェア、デバイス、アセンブリまたはシステムを設計して開発するプロセスで、販売用アイテムとして製造される。

B2C（Business-to-consumer）

企業対消費者間取引またはビジネスモデル。

B2B（Business-to-Business）

ビジネス間取引またはビジネスモデル。

B2B2C

B2Bチャネルを介して消費者市場に対処する新興のeコマースモデルである「ビジネス対ビジネス対消費者」の略語。

BPO（Business Process Outsourcing）

企業運営上の業務やビジネスプロセスを専門企業に外部委託することを指す。

BU（Business Unit）

事業部、営業部などを指す。

平等分配主義（egalitarian sharing）

すべての創業者が多かれ少なかれ均等であり、同等またはそれに類する株式の持分を受けるという原則。

ヴァージン・テリトリー（virgin territory）

処女地。まだ試されていない、探求された、または開発されていないアイデア、概念、または活動。

VLSI (Very Large Scale Integration)

数千のトランジスタを1つのチップに集積して集積回路を作成するプロセス。

VC（Venture capitalist）

ベンチャーキャピタル。

VCサークル（VC circle）

VC／PE／M＆A取引、取引の倍数、IPOなどに関する情報を持つオンラインデータプラットフォーム。

プライベートエクイティ（private equity）

未公開株式または株式の未公開企業に関する投資すべてを含む概念のこと。取引所で売買される公開株と異なり、未公開企業の資金調達を目的に私募形式で発行された株式、転換社債型新株予約権付社債、新株引受権付社債等を指す。

プラットフォーム（platform）

ハードウェア、ソフトウェア、データ、テクノロジーを組み合わせて、システムやアプリケーションを簡単に開発することができる。

フルラチェット方式（full ratchet adjustment）
希釈化防止条項のうち、株数算定の基礎となる基準価額を、低額で行われる新規投資の発行価額と同額になるよう下方修正する方式。投資家に有利。

ブレークイーブン（break even）
五分五分になること。売り上げから得た収益の金額と正確に等しい費用の金額。

プロフィットセンター（profit centre）
譲渡可能な収益と費用、したがって確かな収益性を持つ組織の一部。

法的保留（legal hold）
法的保留とは、訴訟が合理的に予想される場合に、関連するあらゆる情報を保存するために組織が使用するプロセス。

ホッケースティック効果（hockey stick effect）
ホッケースティックに似た折れ線グラフの図形の説明。 フラットな期間の後にラインのパフォーマンスが急激に上昇する。

BOT（build-operate-transfer）
サービスプロバイダーがプロジェクトを構築し、運営し、最終的にプロジェクトの所有権を予め合意した会社に移す仕組み。 （これには、サービスプロバイダーのための収益を発生させていたチームの移転が含まれることが多い）。

ホワイトレーベル提供（white label basis）
ある企業（プロデューサー）が他の企業（マーケティング担当者）が自社ブランドでブランド変更して市場に出す製品やサービス。

ま

MIMO（Multiple Input, Multiple Output）

マイモとは、無線通信において、送信機と受信機の双方で複数のアンテナを使い、通信品質を向上させることをいう。

マーケットサイズ（market size）
所与の市場における総収入の測定値。

マーチャントバンカー（merchant banker）
貿易手形の引受業務と海外証券の発行業務を中心にロンドンの長短金融市場で活躍する金融業者。

万華鏡アプローチ（kaleidoscope approach）
万華鏡は、回転が連続的に変化する模様を生み出す管からなるおもちゃであることからアショク・ソータが最初に発表した万華鏡のアプローチは、新しいアイデアやビジネスモデルを生み出す方法論。

モノのインターネット（Internet of things ：IoT ともいう）
固有の識別子が与えられている相互に関連したコンピューティングデバイス、機械およびデジタルマシン、オブジェクト、動物または人のシステムであり、人から人へ、あるいは人間とコンピュータとのやり取りを必要とせずにネットワークを介してデータを転送することができる。

や

ユニコーン企業（unicorn companies）
企業価値が10億ドル以上の未上場のスタートアップ企業。

ら

離職率（attrition rate）
従業員の離職数は、従業員の総数に対する割合として表され、通常、年換算された数値。

レベニュー・マルチプル（revenue multiple）
企業価値÷収益の数値。収益の倍数は、それが生み出す収益に関連す

る株式または事業の価値を測定する。

連続的起業家（serial entrepreneur）

　1つ以上の新しいベンチャーをスタートさせる起業家。

著者紹介

アショク・ソータ （Ashok Soota）

1942年、デリー出身。ハッピエスト・マインド（Happiest Minds Technologies）の創業者兼会長。前職は、ウィプロで15年間IT関連事業を率いた後に創業したマインドツリー（MindTree）の創業者兼会長。インドのいくつかのIT関連事業者団体の会長を務めるほか、インド政府のIT事業諮問委員会や世界知的所有権機関（WIPO：World Intellectual Property Organization）の諮問委員を務めるなど、インドにおけるIT業界の重鎮。また、起業支援やフィランソロピーに熱心で、いくつかの人道支援組織を創立し、各方面への支援活動を精力的に率いる。1964年インド工科大学卒。

S.R.ゴパラン （S.R. Gopalan）

シデハム大学（Sydenham College）卒業後、ユニオン・カーバイド、ウィプロを経てドーン・コンサルティング（Dawn Consulting）を設立。350社以上の起業に関わり、のちにビズワース・インディアを創業。資本政策、法務、税務、および事業戦略を専門分野とする。

◎表紙写真
写真左がS.R.ゴパラン氏、右がアショク・ソータ氏。

訳者紹介

森 勉 (もり つとむ)

1964年生まれ。クラスビズ合同会社代表、株式会社平成ハイヤーエグゼクティブ・マネージャー。ボストン大学コミュニケーション学部広報学修士。ハーバード大学講師を経て、帰国後、電通パーソン・マーステラで企画職。1998年にアルウス株式会社を起業し、SET電子商取引システムの国内初事例をローンチしたほか、さまざまな暗号系ソリューションで国内初導入を実現。Verimatrix,Inc.創業メンバーに名を連ねた後、コンテンツ・セキュリティ事業に移行し、サイバード、リアルネットワークスなどを経て2010年クラスビズ創業。

◎本書スタッフ
アートディレクター/装丁： 岡田 章志
デジタル編集： 栗原 翔

●お断り
本書に登場する企業名、商品名、サービス名などは一般に各社の商標または登録商標です。本書では™または®は記載していません。

●本書の内容についてのお問い合わせ先
株式会社インプレスR&D　メール窓口
np-info@impress.co.jp
件名に「『本書名』問い合わせ係」と明記してお送りください。
電話やFAX、郵便でのご質問にはお答えできません。返信までには、しばらくお時間をいただく場合があります。
なお、本書の範囲を超えるご質問にはお答えしかねますので、あらかじめご了承ください。
また、本書の内容についてはNextPublishingオフィシャルWebサイトにて情報を公開しております。
https://nextpublishing.jp/

●落丁・乱丁本はお手数ですが、インプレスカスタマーセンターまでお送りください。送料弊社負担 でお取り替えさせていただきます。但し、古書店で購入されたものについてはお取り替えできません。
■読者の窓口
インプレスカスタマーセンター
〒 101-0051
東京都千代田区神田神保町一丁目 105番地
TEL 03-6837-5016／FAX 03-6837-5023
info@impress.co.jp
■書店／販売店のご注文窓口
株式会社インプレス受注センター
TEL 048-449-8040／FAX 048-449-8041

インドで成功した起業家が実践する
シンプルな法則

2019年5月24日　初版発行Ver.1.0（PDF版）

著　者　アショク・ソータ
　　　　S.R.ゴパラン
翻　訳　森 勉
編集人　錦戸 陽子
発行人　井芹 昌信
発　行　株式会社インプレスR&D
　　　　〒101-0051
　　　　東京都千代田区神田神保町一丁目105番地
　　　　https://nextpublishing.jp/
発　売　株式会社インプレス
　　　　〒101-0051　東京都千代田区神田神保町一丁目105番地

●本書は著作権法上の保護を受けています。本書の一部あるいは全部について株式会社インプレスR&Dから文書による許諾を得ずに、いかなる方法においても無断で複写、複製することは禁じられています。

Japanese translation copyright ©2019 Ashok Shoota and S.R.Gopalan. All rights reserved.
印刷・製本　京葉流通倉庫株式会社
Printed in Japan

ISBN978-4-8443-7801-3

　●本書はNextPublishingメソッドによって発行されています。
　NextPublishingメソッドは株式会社インプレスR&Dが開発した、電子書籍と印刷書籍を同時発行できるデジタルファースト型の新出版方式です。詳しくは https://nextpublishing.jp/ をご覧ください。